Copyright© 2021 by Literare Books International.
Todos os direitos desta edição são reservados à Literare Books International.

Presidente:
Mauricio Sita

Vice-presidente:
Alessandra Ksenhuck

Capa, projeto gráfico e diagramação:
Gabriel Uchima

Revisão:
Rodrigo Rainho

Diretora de projetos:
Gleide Santos

Diretora executiva:
Julyana Rosa

Diretor de marketing:
Horacio Corral

Relacionamento com o cliente:
Claudia Pires

Impressão:
Editora Evangraf

Dados Internacionais de Catalogação na Publicação (CIP)
(eDOC BRASIL, Belo Horizonte/MG)

G116l   Gaboardi, Alexandre.
       Liderança produtiva / Alexandre Gaboardi. – São Paulo, SP:
Literare Books International, 2021.
       296 p. : 16 x 23 cm

       ISBN 978-65-5922-000-7

       1. Literatura de não-ficção. 2. Administração. 3. Liderança.
I. Título.

CDD 658.4092

Elaborado por Maurício Amormino Júnior – CRB6/2422

Literare Books International Ltda.
Rua Antônio Augusto Covello, 472 – Vila Mariana – São Paulo, SP.
CEP 01550-060
Fone: (0**11) 2659-0968
site: www.literarebooks.com.br
e-mail: contato@literarebooks.com.br

SUMÁRIO

CAPÍTULO 1
O QUE É LIDERANÇA 11

CAPÍTULO 2
ESTILOS DE LIDERANÇA 41

CAPÍTULO 3
COMO SER UM ÓTIMO LÍDER 51

CAPÍTULO 4
COMPETÊNCIAS DO LÍDER PRODUTIVO 71

CAPÍTULO 5
COMUNICAÇÃO IMPORTA? 111

CAPÍTULO 6
PERFIS COMPORTAMENTAIS 131

CAPÍTULO 7
O QUE É PRODUTIVIDADE 163

CAPÍTULO 8
INVISTA SEU ESFORÇO NO QUE TRAZ RESULTADO 201

CAPÍTULO 9
INTELIGÊNCIA EMOCIONAL 223

CAPÍTULO 10
DESAFIOS DA LIDERANÇA 259

CAPÍTULO 11
QUAL O SEU PROPÓSITO? 277

CAPÍTULO 12
O FUTURO DA LIDERANÇA 287

À toda minha família,
em especial meus pais Eduardo e Maria Luiza,
minha esposa Silvia e minha filha Heloísa.
É por vocês que busco ser melhor a cada dia!

AGRADECIMENTOS

Para que este livro ficasse pronto, muitas pessoas deram uma importante contribuição, direta ou indiretamente.

Sou grato a todos os professores e líderes que passaram pela minha vida, serviram de exemplo e fizeram com que eu tivesse o conhecimento e a experiência que hoje eu tenho.

À consultora literária Cecília Garcia Costa, pelo profissionalismo e competência na supervisão e condução do projeto.

Aos integrantes do grupo Harpia Mind, que tenho o prazer de fazer parte. Muito mais que um grupo de negócios, vocês são como uma verdadeira família, onde aprendo, me desenvolvo profissionalmente e encontro soluções para meus desafios.

Quero também registrar meu agradecimento ao amigo Jivan Pramod pelo entusiasmo, incentivo e parceria nos negócios.

A toda equipe da editora Literare Books, que desde o início acreditou no projeto e me deu todo o suporte necessário.

A todos os meus alunos, mentorados e clientes. Obrigado pela confiança e troca de aprendizado constantes. Todo meu esforço e dedicação só fazem sentido porque vocês estão aí do outro lado, dispostos a se tornarem pessoas e profissionais melhores.

Um agradecimento especial à minha esposa Silvia por todo amor, cumplicidade, apoio e paciência. Você me faz um ser humano melhor, e sem você nada disso seria possível.

À minha pequena Heloísa, que crescia dentro da barriga da mamãe durante os meses em que este livro foi escrito, e desde essa época já era muito amada e fonte de inspiração para o papai.

LIDERANÇA PRODUTIVA

E, por fim, agradeço a Deus pelo dom da vida, pela minha saúde, família e amigos. Sou uma pessoa abençoada por poder trabalhar com o que amo, cumprir minha missão e ajudar outras pessoas.

PREFÁCIO

— Alexandre, você prefere que o seu time jogue mal e vença a partida ou que jogue bonito, mas perca o jogo?

Fizeram-me essa pergunta muitos anos atrás, numa conversa com alguns amigos sobre futebol. E eu respondi que preferia que jogasse bonito e também vencesse o jogo.

— Ah, Alexandre... tem que escolher uma coisa ou outra, não pode querer as duas coisas juntas.

Embora esse exemplo tenha sido tirado de uma conversa despretensiosa e informal entre jovens, esse padrão de pensamento (uma coisa OU outra) é visto na maioria das pessoas, mesmo quando estamos falando de grandes sonhos ou projetos.

É como se para ter sucesso em alguma área, você necessariamente precisasse fracassar em outra.

Nos trabalhos que realizo dentro das empresas e com grandes executivos, é comum eu encontrar pensamentos do tipo:

- "Ou o líder gera bons resultados financeiros ou ele se preocupa mais com sua equipe";
- "Ou o gestor é bom tecnicamente ou consegue lidar bem com pessoas";
- "Ou a pessoa tem tempo livre ou ela tem sucesso profissional".

Por que você precisa escolher? Por que não ter tudo isso?

Uma certa dose de inconformismo foi fundamental para que eu não aceitasse abrir mão do sucesso em uma área para prosperar em outra. Após anos estudando os temas de produtividade e gestão do tempo, eu passei a ser mais organizado, gerenciar melhor minhas tarefas, ser mais produtivo, focado e a ter mais tempo livre.

LIDERANÇA PRODUTIVA

O passo seguinte foi levar essa produtividade pessoal para a gestão de equipes, e o resultado depois de poucos meses foi extremamente positivo. Eu percebi que tinha então uma equipe engajada, comprometida, produtiva, e uma rotina que proporcionava mais tempo livre e maiores resultados financeiros.

Ou seja, não precisei escolher apenas um tipo de sucesso em detrimento de outro.

Mas será que tinha sido um mero golpe de sorte? Será que esse meu resultado era replicável ou eu apenas acertei aleatoriamente?

O próximo passo então foi desenhar o que eu considerava ser os elementos-chave desse resultado e testar com outros líderes próximos a mim; pessoas que viam as mudanças acontecendo comigo e minha equipe, e me perguntavam o que eu estava fazendo de diferente para conseguir aquilo.

E ao aplicar em outros profissionais os mesmos fundamentos que usei, eles obtiveram resultados muito semelhantes ao meu.

BINGO!!

Estava criado um método eficiente e replicável para gestores e líderes nas empresas aumentarem vendas, turbinarem a produtividade interna e criarem equipes engajadas e de alta *performance*, tudo isso tendo mais tempo livre e sem se tornarem escravos do trabalho.

Um método onde é possível jogar bonito e vencer a partida, sem ter que escolher entre uma coisa ou outra. Não permita que o aconselhem a ser menos do que você nasceu para ser, e não aceite ter menos do que você merece!

E após treinar e mentorar centenas de pessoas usando esse mesmo método, nos últimos tempos a pergunta que eu me fazia era: "Como levar esse conhecimento para mais gente ao mesmo tempo e impactar mais pessoas?".

A ideia deste livro surgiu exatamente para responder a essa pergunta.

Você está prestes a desenvolver suas habilidades nas áreas de liderança e produtividade, e a conhecer um mundo cheio de possibilidades ao juntar esses dois elementos.

Bem-vindo à liderança produtiva!

CAPÍTULO 1

Capítulo 1
O QUE É LIDERANÇA

"Eu não temeria um grupo de leões conduzido por uma ovelha, mas eu sempre temeria um rebanho de ovelhas conduzido por um leão."

Alexandre, o Grande

A liderança nos acompanha durante toda a vida.

Se você parar um pouco para refletir, vai perceber que desde a infância até o final da vida você sempre estará envolvido em situações de liderança, seja liderando, sendo liderado ou até mesmo liderando e sendo liderado ao mesmo tempo.

Podemos definir liderança como sendo a capacidade de influenciar e mobilizar um grupo de pessoas a atuar em busca de um objetivo comum.

No entanto, basta uma rápida pesquisa na *Internet* e você encontrará centenas de diferentes definições do que é ser líder. Por isso mesmo, muito mais importante do que a definição em si é você compreender o papel do líder na prática e o impacto que ele gera no grupo em que convive.

Nos primeiros anos de vida, você foi cuidado pelos seus pais ou por alguém bastante próximo a você.

LIDERANÇA PRODUTIVA

Com o passar dos anos, outras referências de autoridade fizeram parte da sua vida, como os professores, o treinador do clube, o instrutor da academia e o chefe na empresa, além das lideranças políticas e religiosas.

Esses são alguns exemplos de lideranças chamadas de oficiais, onde alguém está em uma posição de comando por conta do seu status, cargo ou profissão.

E ainda que a liderança seja mais facilmente percebida quando ela é oficial, ou seja, quando alguém tem a incumbência de liderá-lo, guiando ou cuidando de você, a liderança também pode ser um processo natural, que acontece quando surge espontaneamente nos mais variados ambientes sociais.

Lembre-se de quando você estava na escola. O seu professor era um líder oficial importante durante sua infância e adolescência. A formação dos alunos era parte de sua profissão.

Entre as suas funções, o seu professor era um dos responsáveis por organizar e facilitar o ambiente de estudo, além de direcionar os alunos na obtenção de conhecimento e na ampliação de suas perspectivas. Isso é liderança.

Por outro lado, no próprio ambiente escolar você também pode notar a liderança natural. Basta lembrar do seu colega de classe que tinha mais iniciativa e era destaque da turma.

Ele naturalmente tomava atitudes que o destacavam entre os demais, ao mesmo tempo em que guiava os colegas e era visto como exemplo, exercendo assim um papel de líder. Isso também é liderança.

Na verdade, é natural que exista pelo menos um líder para todos os grupos de pessoas reunidas, independentemente da causa, do objetivo e dos interesses de cada grupo.

E essa liderança pode vir acompanhada de uma formalização oficial de um cargo ou pode ser simplesmente um membro do grupo que naturalmente se destaca por conta dos seus comportamentos, que acabam influenciando os demais.

Portanto, tenha consciência de que a liderança acompanha você o tempo todo, não importando a idade e o ambiente em que você estiver. Ela faz parte das nossas vidas, mesmo que nem sempre estejamos cientes disso.

É por isso que, antes de entrar nos assuntos de liderança produtiva que serão abordados neste livro, é muito importante compreender o que é liderança e qual a sua importância na vida em sociedade.

E eu tratarei aqui essencialmente da liderança oficial existente dentro de um ambiente corporativo. Ou seja, quando além dos comportamentos de um líder há também envolvido um cargo onde a pessoa comanda uma equipe, seja como coordenador, supervisor ou gerente.

O nosso ponto de partida é entender que a liderança é um assunto amplo, com várias visões diferentes e que está em constante mudança.

Como em qualquer área de estudo, houve uma evolução muito importante e acentuada ocorrida nas últimas décadas. Por isso mesmo, a liderança não pode mais ser vista e entendida como vinte anos atrás.

E apesar de existirem várias linhas de estudo diferentes sobre o tema, é possível identificar um ponto em comum entre os estudiosos, quando nos referimos a um cargo de liderança dentro de uma empresa: praticamente todos acreditam que o objetivo da liderança é gerar algum tipo de resultado em comum por meio das pessoas.

Em outras palavras, **a liderança é uma ponte entre as pessoas e os resultados.**

Isso quer dizer que somente por meio das pessoas você consegue atingir resultados e objetivos em comum, e a isso é dado o nome de liderança.

LIDERANÇA PRODUTIVA

Exatamente pela liderança ser algo que nos acompanha por toda a vida e estar presente em qualquer grupo de pessoas é que se torna tão importante entender como ela funciona e aprender a desenvolver as competências de um bom líder.

Você está dando um passo adiante nesse sentido, ao ler este livro.

Lembre-se: a liderança faz parte de todas as áreas da sua vida e o tempo todo, seja de forma oficial ou natural. Além disso, geralmente você atua nos dois papéis, ora liderando e ora sendo liderado, dependendo do contexto e do grupo ao qual está inserido.

COMO O LÍDER INFLUENCIA A EQUIPE?

A frase de destaque no início deste capítulo, atribuída a Alexandre, o Grande, faz uma analogia interessante com o poder de influência que um líder exerce sobre um grupo: "Eu não temeria um grupo de leões conduzido por uma ovelha, mas eu sempre temeria um rebanho de ovelhas conduzido por um leão".

Pense na força, no tamanho e impacto que um leão e uma ovelha podem ter sobre um grupo que os segue.

Qual deles você gostaria que fosse seu líder e de seus colegas?

Qual dos dois você gostaria que fosse o comandante do seu projeto?

Se a função do líder é influenciar e mobilizar um grupo, certamente precisaremos de uma liderança forte, respeitada e destemida, exatamente como um leão. Isso porque o líder não apenas será o representante daquele grupo, mas também fará com que sua equipe busque imitar sua postura e comportamentos.

Em outras palavras, podemos dizer que **toda equipe é do tamanho do seu líder.**

Do mesmo modo, todo o rendimento de uma equipe reflete a competência do seu comandante.

Um bom líder tem o poder de puxar para cima pessoas medianas ou que estão desmotivadas, elevando a capacidade, a motivação e consequentemente os resultados de uma equipe, enquanto um mau líder também tem o poder de comprometer os resultados de um grupo de pessoas, prejudicando uma equipe promissora e com potencial. Por isso mesmo, um mau líder também é conhecido como um "líder tóxico", tamanho impacto negativo que ele pode ter sobre um grupo.

O líder tem um enorme poder de interferência nos resultados, tanto de forma positiva quanto negativa.

Porque assim como um mau líder é um líder tóxico, um bom líder também tem o poder enorme de exponenciar os resultados de uma empresa.

Dessa forma, podemos dizer que a liderança funciona como se fosse um teto para seus liderados, já que ela delimita até onde a equipe pode crescer.

Basta parar um pouco para refletir sobre as lideranças ao seu redor, e você vai perceber que dificilmente um grupo consegue resultados acima da capacidade do seu líder.

E isso faz todo sentido e é até compreensível, já que o líder é a pessoa que vai estar no dia a dia da equipe, prezando pela harmonia, produtividade e fluidez do trabalho como um todo.

Não é por acaso que cerca de **70% da demanda de treinamentos nas empresas é para trabalhar as competências dos líderes e gestores.**

Esse indicativo deixa claro que as empresas já perceberam que o ato de capacitar quem lidera é capaz de aumentar o rendimento, a produtividade e os resultados profissionais e financeiros de uma equipe, mesmo que todos os outros fatores permaneçam os mesmos.

LIDERANÇA PRODUTIVA

Ou seja, mesmo que uma empresa tenha os mesmos funcionários, a mesma estrutura e os mesmos produtos e serviços, ela tem a possibilidade de ter resultados completamente diferentes quando os seus líderes são treinados e capacitados para esse papel.

Portanto, se uma empresa decide capacitar todos os seus líderes e gestores, isso automaticamente pode se expandir e alcançar 100% da empresa.

Você consegue imaginar o impacto que uma liderança efetiva pode ter sobre toda uma estrutura empresarial?

Sempre que uma empresa decide capacitar seus líderes adequadamente, os resultados percebidos vão além da equipe, podendo atingir rapidamente toda a organização.

Você pode observar essa influência do líder sobre a equipe e seus resultados em diversos grupos, sempre que há um objetivo em comum.

Pense em um esporte coletivo, por exemplo, e você vai perceber que praticamente todo time que se destaca e conquista títulos tem a presença do líder de maneira muito forte e marcante.

Esse líder pode ser o próprio técnico ou treinador (liderança oficial), assim como pode ser outro jogador desempenhando esse papel de liderança (liderança natural).

Ou então ambos: o time pode ter a liderança exercida no papel do treinador e ainda contar com o comportamento de liderança de um jogador dentro de campo.

Esse exemplo mostra que é possível ter mais de uma liderança dentro de um mesmo grupo.

Muitas vezes sou contratado por empresas que querem desenvolver equipes que estão improdutivas, que não conseguem vender ou onde há muitos atritos no ambiente de trabalho.

Para alcançar bons resultados, eu sempre faço questão de realizar um trabalho dedicado e individualizado com o líder, porque não tem como desassociar o líder dos resultados do grupo que ele lidera.

O líder faz parte do resultado da equipe.

Ele é parte do problema e precisa ser trabalhado e desenvolvido para também ser parte da solução.

Por outro lado, o inverso também acontece.

Sempre que eu encontro equipes coesas, com pessoas trabalhando felizes e de forma engajada, é fácil perceber que ali existe a presença de um excelente líder.

Muitas vezes é possível perceber isso só de olhar para a pessoa: na forma como ela trata os outros com respeito e atenção, nas tomadas de decisão de forma firme e assertiva. Uma pessoa que sabe ser controlada e equilibrada, ao mesmo tempo em que consegue ter iniciativa e manter seus princípios.

Um bom líder é uma pessoa que se faz presente e sabe fazer com que sua equipe confie, respeite e o reconheça como um exemplo a ser seguido.

Pense em todos os líderes que você admira, e você verá que é possível reconhecer o líder pela sua postura e suas ações.

Lembre-se que liderança é comportamento.

A conduta de um líder fala muito mais alto do que suas palavras, e sua postura por si só já é capaz de marcar essa pessoa como um excelente comandante.

Eu gosto muito de comparar o líder com o maestro de uma orquestra.

Reflita comigo.

Quem produz o som e faz o *show* não é o maestro, são os músicos. No entanto, se o maestro errar na forma em que conduz os músicos, o resultado fatalmente será um monte de ruído e barulho sem sentido.

LIDERANÇA PRODUTIVA

Ainda que os músicos sejam bons e altamente capacitados, a ausência de um bom maestro faz com que todo o trabalho e potencial dos músicos seja em vão.

O maestro tem o papel de cuidar da harmonia dessa equipe, sincronizar os músicos, saber o que cada um faz de melhor com sua voz e com os instrumentos, com o intuito de usar esses talentos na hora certa e de forma organizada e integrada.

Essa analogia explica bem o que acontece dentro das empresas.

O resultado do departamento virá do trabalho da sua equipe, e não necessariamente do trabalho direto do líder. Mas é claro que toda equipe precisa ser conduzida por um excelente maestro.

Quero compartilhar com você um caso que aconteceu numa empresa de grande porte em São Paulo, anos atrás.

Essa empresa tinha um líder de departamento que era altamente crítico, rígido e exigente ao extremo. Por muitas vezes, até grosseiro e arrogante.

O estilo que esse líder usava para conduzir seus liderados era com base no medo.

Por isso, qualquer coisa que acontecia com a equipe era motivo para advertências e ameaças, onde ele também usava de ironias com os funcionários do seu departamento.

Você provavelmente já conheceu ou já ouviu falar de um gestor assim. Ou quem sabe você mesmo já tenha sido liderado por alguém parecido durante sua vida.

Nessa empresa, a presença desse líder fazia com que a equipe trabalhasse tensa. E quando esse líder estava fora do escritório, em alguma reunião externa ou viagem a trabalho, a equipe trabalhava de forma aliviada e até comemorava.

Você consegue imaginar esse cenário?

Para você ter uma ideia de como esse líder era tóxico, ele chegava a proibir os membros de sua equipe de estudar para sua própria capacitação, seja um curso de faculdade ou alguma especialização.

Como o trabalho naquele departamento era de perfil técnico, na cabeça desse líder a pessoa estudava porque tinha planos de sair do emprego ou até mesmo porque queria roubar o lugar dele na empresa.

Por essa razão, ele não aceitava o estudo e proibia sua equipe de estudar e se desenvolver por conta própria. Durante o meu contato com essa equipe, eu conheci pessoas que cursavam a faculdade de forma escondida para que o chefe não soubesse.

Esse era o nível das coisas que aconteciam por lá.

O departamento contava com uma equipe de dez pessoas, sendo que dois funcionários tinham pedido demissão recentemente e outra pessoa estava afastada por problemas de saúde relacionados ao estresse no trabalho.

Naquele momento, a empresa estava em processo seletivo para repor esses dois postos de trabalho para essa equipe, referente a esses funcionários que saíram. Entretanto, ficou claro que esse era um caso típico de que não adiantava mexer na equipe.

A mudança tinha que acontecer de cima pra baixo.

Por conta desses afastamentos, das faltas recorrentes e das duas demissões, aquele departamento trabalhava com cerca de 40% menos pessoas em seu quadro de colaboradores.

Além disso, as pessoas que ainda ocupavam os seus postos de trabalho claramente estavam trabalhando com um rendimento bem abaixo de sua capacidade.

LIDERANÇA PRODUTIVA

Isso quer dizer que, além da perda significativa na quantidade de pessoas na equipe, os funcionários que permaneciam presentes não rendiam tudo o que poderiam render.

Por outro lado, esse líder era uma pessoa extremamente empenhada em suas tarefas, uma verdadeira máquina de trabalhar, e sabia ser produtivo com as suas próprias entregas.

Por esse motivo, ainda que a diretoria tivesse conhecimento das dificuldades desse líder de se relacionar com a equipe, ela acreditava que ele era capaz de compensar isso com a sua própria disposição e dedicação ao trabalho, o que não era verdade.

Se, por acaso, esse líder tivesse um cargo e função em que ele pudesse trabalhar de forma totalmente isolada, sem muito contato com outras pessoas ou então na execução de um trabalho mais operacional, certamente essa dificuldade de relacionamento que ele tinha não seria um grande problema.

Nesse caso, sua produtividade pessoal, que era de fato um aspecto muito positivo, poderia ser bem aproveitada.

Mas como a empresa poderia considerá-lo um líder produtivo se claramente sua equipe estava desmantelada, infeliz e com baixo rendimento?

Quando você entende que o resultado do líder se dá pelo desempenho do grupo que ele lidera, você percebe que não é possível que um líder seja produtivo se a sua equipe trabalha desmotivada e não produz o equivalente à sua capacidade.

Ainda que o líder em si soubesse ser produtivo, seu comportamento fazia com que a equipe inteira apresentasse um baixo rendimento.

Portanto, a liderança faz parte do próprio grupo e tem muita influência e impacto sobre os resultados que uma equipe pode gerar para a empresa.

A IMPORTÂNCIA E O IMPACTO DA LIDERANÇA

Existe uma pesquisa[1] muito interessante realizada por uma consultoria de RH para entender os motivos que levam um funcionário a pedir demissão.

Talvez você fique surpreso, mas essa pesquisa apontou que o mau relacionamento com o líder está em primeiro lugar, sendo citado por 44% dos entrevistados como o motivo principal para esses funcionários optarem por largar o emprego.

Isso quer dizer que grande parte das pessoas que deixa seus empregos não faz isso por ter recebido uma proposta melhor de trabalho de uma outra empresa, ou porque decidiu mudar de ramo, de cidade, ou mesmo porque resolveu abrir o próprio negócio.

Na verdade, essas pessoas pediram demissão de seus empregos simplesmente por não suportarem mais o convívio com os seus respectivos líderes.

Na prática, esses líderes deveriam ser justamente as pessoas que trabalham para zelar pelo desempenho e condições de trabalho do funcionário.

Já um outro estudo[2], realizado por duas pesquisadoras norte-americanas com 800 pessoas de 17 empresas diferentes, revelou alguns dados ainda mais alarmantes e surpreendentes: metade dos entrevistados disse que é tratada de forma grosseira pelos seus líderes pelo menos uma vez por semana. Entre essas pessoas que foram tratadas de forma grosseira, o estudo mostrou que:

---

1 NOGUEIRA, Paulo Eduardo. *"Liderança tóxica" é o principal motivo de pedidos de demissão*. Época Negócios. Disponível em: <https://epocanegocios.globo.com/Carreira/noticia/2017/12/lideranca-toxica-e-o-principal-motivo-de-pedidos-de-demissao.html>. Acesso em: 4. de mai. de 2020.

2 PORATH, Christine; PEARSON, Christine. *The Price of Incivility*. Harvard Business Review. Disponível em: <https://hbr.org/2013/01/the-price-of-incivility>. Acesso em: 4. de mai. de 2020.

LIDERANÇA PRODUTIVA

- 80% ficaram pensando e remoendo por muito tempo o evento negativo com o líder;

- 78% diminuíram o engajamento após serem destratados pelo líder;

- 66% admitiram que a própria *performance* diminuiu depois de serem tratados de forma negativa pelo líder;

- 63% evitaram o contato com o líder após serem destratados;

- 48% se esforçaram menos no trabalho;

- 38% diminuíram de propósito a qualidade do trabalho;

- 25% descontaram nos clientes o que estavam sentindo;

- 12% pediram demissão devido ao clima de hostilidade.

Todos esses dados são alarmantes e provam ainda que a importância e o impacto de um líder vão muito além da sua equipe, já que também atingem os clientes da empresa que, consequentemente, ficarão insatisfeitos.

Isso quer dizer que, além de uma equipe descontente e improdutiva, uma liderança ineficaz também pode provocar um número maior de reclamações na empresa, gerando mais trabalho para outros departamentos, assim como uma decorrente queda nas vendas.

Nunca subestime o impacto negativo de um mau líder, pois na maioria das vezes ele é muito maior do que você pode imaginar.

Os números dessa pesquisa comprovam a influência do líder no rendimento e nos resultados da equipe. E tudo isso em função da forma com a qual os membros de um grupo são tratados e conduzidos pela sua liderança.

Por outro lado, um bom líder consegue não apenas melhorar a satisfação e qualidade de vida dos seus funcionários, mas também é capaz de engordar o caixa da empresa.

Da mesma forma que a pesquisa mostrou as consequências negativas de uma má liderança, é possível citar diversos benefícios que um bom líder gera para a companhia:

- **aumento de produtividade da equipe;**
- **melhora da qualidade do serviço prestado;**
- **retenção de talentos;**
- **tomada de decisão mais assertiva;**
- **contribuição para um bom clima organizacional;**
- **inspiração e crescimento profissional.**

Um bom líder dita o ritmo e, consequentemente, define o rumo e os resultados da equipe, tanto na parte estratégica quanto operacional, tornando a tomada de decisão muito mais assertiva.

Quando o líder dá espaço para o crescimento de seu time, ele propicia e estimula um ambiente criativo e colaborativo, muito positivo para a empresa.

As pessoas se sentem mais à vontade para dar ideias e buscar soluções. Elas não são conduzidas com base no medo, mas sim em colaboração, confiança e engajamento.

Tudo isso ainda faz com que o líder sirva de inspiração tanto para sua equipe quanto para outras pessoas ao seu redor, facilitando o crescimento profissional de diversos funcionários daquela empresa.

É por isso que quando a equipe cresce com o incentivo do líder, todo mundo sai ganhando: o funcionário, o líder, a empresa e seus clientes.

LIDERANÇA PRODUTIVA

Em consequência de todo esse processo de uma liderança eficaz, a empresa ainda consegue reter os seus talentos, já que os bons profissionais tendem a querer permanecer numa organização ao se sentirem felizes e valorizados.

Por isso, não se esqueça: o aumento do resultado é uma consequência real do crescimento da equipe.

Você lembra daquela empresa de que eu falei antes, onde existia aquele líder rígido e autoritário?

No começo, a empresa decidiu por capacitar esse líder. E ainda que ele tenha começado a fazer esse trabalho, ele era muito resistente e se negava a admitir que precisava melhorar.

Na visão dele, os funcionários da sua equipe é que eram moles e descompromissados.

Por fim, a empresa decidiu dispensar esse líder e contratar outra pessoa para seu lugar. No entanto, agora a empresa tomou o cuidado de não selecionar a pessoa apenas pelos aspectos técnicos, mas principalmente pela sua capacidade de lidar com pessoas.

Um ano depois dessa empresa contratar esse novo líder, essa organização já colhia os benefícios dessa escolha mais assertiva: os índices das pesquisas de satisfação interna e externa aumentaram, a equipe trabalhava mais engajada, a melhora no clima organizacional era evidente, além das vendas e dos lucros dessa empresa terem aumentado de forma expressiva.

Além disso, a empresa ainda apresentou uma redução significativa do *turnover*, que é a troca de funcionários. Ou seja, agora, esses colaboradores trabalhavam motivados, presentes e não tinham vontade de sair da equipe para procurar outros trabalhos.

Você consegue perceber o impacto direto do líder sobre os resultados financeiros de uma empresa?

Todos esses resultados positivos e toda evolução ocorrida nessa empresa se deu por conta de uma única mudança: um bom líder orquestrando o seu time.

POR QUE LIDERAR É UM DESAFIO TÃO GRANDE?

Agora você já entendeu a importância da liderança e o impacto real que ela gera no dia a dia das empresas e seus funcionários.

Para você que já é ou pretende ser um líder de sucesso, eu preciso avisá-lo que a liderança é, acima de tudo, um enorme desafio. É, sim, um caminho com recompensas, mas também é cheio de incertezas, percalços e dificuldades.

E por que liderar é um desafio tão grande?

Como você já viu, a liderança é a ponte entre pessoas e resultados. E isso faz com que a dificuldade do líder, na maior parte das vezes, se justifique pelo fato de a liderança lidar com o fator humano.

Você só consegue alcançar os resultados por meio das pessoas. E as pessoas são diferentes umas das outras, têm famílias diferentes, vivem em locais diferentes, possuem sentimentos, motivações e linguagens diferentes, e tudo isso deve ser levado em consideração na hora de liderar um grupo.

Além disso, se você analisar os novos hábitos e a vida em sociedade, vai perceber que não só as pessoas, mas também o ambiente, são totalmente diferentes do que eram há alguns anos.

Lembra de quando eu falei que a liderança está em constante mudança?

Antigamente era muito comum identificar nas empresas o líder caricato, funcionando em uma estrutura hierárquica totalmente vertical, onde existia

LIDERANÇA PRODUTIVA

o chefe do departamento e os subordinados que seguiam suas regras.

O respeito à hierarquia era a base desse estilo de liderança, conforme vou explicar mais adiante no próximo capítulo.

Seria mentira dizer que esse modelo de liderança está totalmente obsoleto, já que ainda é possível identificar uma estrutura como essa em alguns locais e empresas.

Porém, se você está lendo este texto, provavelmente já percebeu que ela está longe de ser a forma de liderança mais bem-sucedida em nossa sociedade atual.

As gerações atuais e a sociedade de modo geral são muito mais imediatistas, mais participativas, menos pacientes e indiscutivelmente têm muito mais acesso à informação e à tecnologia, que jamais devem ser desconsiderados nesta análise.

Hoje em dia, tanto o líder quanto a equipe têm função participativa em todo o processo de liderança e de trabalho, desempenhando papéis fundamentais no alcance dos resultados esperados pela companhia.

Isso faz com que a forma de lidar com as pessoas e, consequentemente, a própria liderança seja totalmente diferente hoje do que era pouco tempo atrás.

As pessoas têm mais voz ativa, buscam engajamento, querem fazer parte, querem um resultado imediato, e isso pode fazer com que o desafio do líder seja ainda maior, acredite.

O líder atual precisa estar totalmente conectado com esse "meio de campo" ao atuar como uma ponte, e é indiscutível que lidar com pessoas e as conduzir de forma harmônica a um objetivo comum sejam tarefas desafiadoras.

Para tomar um exemplo mais real, pense em um time de futebol que está em campo se esforçando para dar o seu melhor, mas as jogadas não saem bem e o placar do jogo está desfavorável.

Quando isso acontece, é comum ver os jogadores olhando para o capitão em campo ou então para o banco de reservas, à procura do técnico, em busca de uma orientação para mudar o rumo da partida.

O líder é exatamente essa referência, esse exemplo. É a pessoa de apoio com a qual a equipe pode e deve contar durante o processo, principalmente nos momentos de dificuldade.

E por falar em momentos difíceis, este livro foi escrito em meio à crise causada pela pandemia da Covid-19, no ano de 2020, época que gerou inúmeras situações desafiadoras, onde a liderança tinha um impacto extremamente relevante em todo o processo global da crise.

Em situações como essa, fica cada vez mais evidente a necessidade de decisões efetivas e corajosas, vindas de pessoas em posição de comando e que são vistas como exemplo. São as lideranças positivas.

Liderar é um grande desafio, e o cenário em que vivemos hoje exige grandes lideranças.

Por isso, muitas vezes é justamente no momento de crise que aparecem lideranças de destaque, que você não esperava ou nem sabia que existiam. Esse é o momento em que o líder se mostra ainda mais importante e essencial para fazer a diferença e mudar todo o jogo.

Além disso, é fundamental lembrar do consenso sobre a definição de liderança no contexto corporativo, onde o líder atua como o elo entre pessoas e resultados.

Pense em um líder que talvez você conheça que só olha para o resultado, mas não olha para as pessoas.

Você provavelmente vai se lembrar de que ele cobra sua equipe de

LIDERANÇA PRODUTIVA

um jeito que pode ser até ofensivo, que ele não pensa na qualidade de vida das pessoas e que só almeja o resultado custe o que custar.

Esse definitivamente não é um bom líder, por mais que ele possa gerar bons resultados em números para a empresa.

Ao mesmo tempo, um líder que é uma pessoa agradável, querida e até carinhosa com a equipe, mas não gera bons resultados para a companhia, também não é um bom líder.

O líder atua como meio de campo, e por isso é fundamental que um bom líder esteja sempre atento aos dois lados. Ele precisa se dedicar e estar igualmente alerta ao resultado e às pessoas, pois somente dessa forma será possível ter uma liderança significativa.

Numa sociedade mais conectada e com pessoas mais participativas, fica cada vez mais evidente que não é possível buscar os resultados de qualquer maneira, mas somente de uma forma em que a equipe esteja engajada e comprometida com o resultado em conjunto.

Por isso, **a liderança deve ser uma parceria entre o líder e o liderado.**

Por mais que exista um aspecto formal do cargo e hierarquia, é muito importante existir essa parceria que envolve confiança e respeito entre as partes.

Isso quer dizer que se um colaborador não comprar a ideia do líder, o resultado não vai chegar. A pessoa não vai trabalhar motivada, vai se sabotar, procrastinar e produzir menos do que poderia. Isso é um fato.

Por esse motivo, o grupo precisa acreditar e confiar no líder, precisa trabalhar junto e engajado, pois só assim é possível alcançar resultados desafiadores por meio das pessoas. Ao longo deste livro, você aprenderá como isso é possível.

Entenda que um líder que gera resultados, mas que a equipe não tolera, não é um bom líder. Assim como não é um bom líder aquele que é próximo e querido pelo grupo, mas não consegue gerar resultados efetivos, principalmente os financeiros.

Pense, mais uma vez, no time de futebol. Um técnico altamente capacitado e experiente, mas que não tem um bom relacionamento com a equipe, não conseguirá fazer com que os jogadores se empenhem por ele.

O time não vai se sentir motivado, não vai treinar o quanto pode, não vai dar o seu melhor e, consequentemente, não vencerá seus jogos.

Assim como o técnico que é amigo do time e cuida do bem-estar dos jogadores pode não ser necessariamente bom profissional. Se o time não marcar gols e vencer as partidas, logo ele será cobrado.

É preciso ter esse equilíbrio, e isso fará toda a diferença no exercício da sua liderança.

NÃO ACREDITE EM TUDO O QUE VOCÊ LÊ SOBRE LIDERANÇA

Você já ouviu falar que a liderança é um dom?

Quando o assunto é liderança, muitas vezes me deparo com declarações superficiais e até mesmo incorretas, mas que de tanto serem repetidas correm o risco de acabarem sendo aceitas como verdades.

Uma dessas declarações é a ideia de que existe o líder nato, aquela pessoa que possui o dom e já nasceu pronta para liderar!

Líderes não nascem prontos. Saiba que por mais bonita que pareça a ideia de que a liderança é um dom que nasce com a pessoa, esse é um dos grandes mitos da liderança.

Na verdade, **a liderança compreende um conjunto de habilidades e comportamentos que você consegue desenvolver durante a vida.**

LIDERANÇA PRODUTIVA

É claro que existem pessoas que naturalmente têm características em seus comportamentos que podem facilitar que elas se tornem boas lideranças.

A pessoa pode ter um perfil que a destaque e que a ajude no seu papel de liderança em um determinado ambiente, ou um perfil que facilite que ela desenvolva competências e habilidades de liderança.

Sim, isso realmente pode acontecer, mas não quer dizer que alguém já nasce sabendo liderar.

A liderança requer competências que você precisa adquirir, desenvolver e lapidar.

Por isso, esqueça a ideia de uma "liderança nata". A liderança não é definida na maternidade.

E se uma competência é algo que você pode aprender e desenvolver, isso significa que **qualquer pessoa pode ser líder.**

Então, da mesma forma que é um mito falar que a pessoa já nasce líder, também é um mito a ideia de que algumas pessoas não têm condições de assumir um papel de liderança.

Sendo assim, ainda que você tenha ou não características na sua personalidade que facilitem o desenvolvimento dessas habilidades, saiba que você **pode se tornar um bom líder.**

Entenda de uma vez por todas que a liderança consiste em competências, e você consegue desenvolver competências.

Pegue o exemplo de um atleta olímpico. Existem atletas que claramente têm uma predisposição ou uma facilidade física, genética ou motora para desempenhar determinado esporte.

Por outro lado, há atletas que não nasceram com a mesma capacidade física privilegiada e mesmo assim conseguem se destacar na modalidade. Isso porque se a pessoa sempre viveu nesse ambiente, foi treinada por bons técnicos, tem disciplina e dedicação, ela fatalmente irá desempenhar bem aquela função.

Portanto, você deve eliminar a crença do "eu não nasci para ser líder".

Na verdade, todo mundo já é líder.

É claro que nem todos possuem um cargo oficial de liderança, atuando como supervisor ou gerente, por exemplo. Mas toda pessoa em algum momento da vida assume um papel de liderança.

Lembre-se de que o conceito de liderança é alcançar resultados por meio das pessoas, e você certamente já passou por situações em sua vida pessoal ou profissional em que teve que tomar a iniciativa e se tornar líder para alcançar algum resultado importante.

Portanto, eu não tenho dúvidas de que em algum momento da sua vida você liderou ou você já lidera.

Pode ser que você lidere em casa, em algum grupo na sua comunidade ou mesmo no trabalho.

Entre os vários papéis que você pode desempenhar durante a sua vida, em alguns desses papéis você certamente vai liderar, enquanto em outros não.

Pense em um jovem que precisa cuidar dos irmãos mais novos quando os pais saem de casa por um momento. Durante aquele período de ausência dos pais, ele está assumindo um papel de liderança.

Portanto, **todo mundo é potencialmente um líder.**

Considere o conceito de liderança não apenas relacionado à formalidade de ter um cargo de comando. Apesar de algumas profissões e cargos estarem diretamente ligados a isso, a liderança está mais relacionada aos comportamentos de uma pessoa diante de um grupo, em um contexto específico.

LIDERANÇA PRODUTIVA

Quando você entende que liderança é comportamento, você percebe que pode ter um comportamento de líder, independentemente do seu cargo.

No entanto, neste livro, eu vou falar muito ao profissional que tem um cargo formal de liderança, como gerentes, coordenadores e chefes de equipe, principalmente no sentido de aplicação prática, já que uma das coisas que eu percebi ao longo da minha carreira foi o quanto as empresas têm necessidade (e dificuldade) de produzir bons líderes.

Mas isso de forma alguma impede que você possa aproveitar essas competências para todas as áreas em que você for liderar, seja no seu trabalho ou também dentro de casa, com a sua família, no seu grupo de amigos ou outras comunidades em que você participe de grupos.

Outro mito muito popular é de que ser líder é o contrário de ser chefe.

Você provavelmente já leu textos ou até mesmo brincadeiras na *Internet* que falam que o líder é uma pessoa boa e que o chefe é ruim. Ou que o líder se coloca como parte integrante da equipe, sendo associado à palavra "nós", enquanto o chefe se coloca como parte superior à equipe, sendo associado à palavra "eu".

Esse tipo de colocação pode fazer você acreditar que todo chefe é carrasco e todo líder é motivador, e esse é um grande equívoco.

É claro que existem líderes e chefes bons e ruins. Mas quando um líder também tem um cargo em que ele chefia outras pessoas, os dois papéis se misturam e não necessariamente um está associado a algo positivo e outro negativo.

Ser chefe significa você ter um cargo acima ao de outra pessoa, em que na hierarquia ela responde a você.

Simples assim. Não tem relação nenhuma com ser uma pessoa má e egoísta, como muitas vezes é popularmente colocado.

O que eu quero dizer é que você pode não apenas ser um bom líder e exemplo da equipe, mas também pode ter funções de chefia onde precisa cobrar resultados e chamar atenção do jeito adequado, quando necessário.

Imagine um cargo de supervisor, por exemplo. Há momentos em que o supervisor estará conferindo os números de desempenho do departamento, analisando os currículos de candidatos, marcando as férias de seus funcionários, estabelecendo regras, recomendando promoções, entre tantas outras tarefas que pertencem ao escopo do seu cargo.

Ou seja, em vários momentos, ele será chefe, exercendo seu papel de gestor daquela área da empresa.

Entretanto, haverá momentos em que o supervisor mobilizará e conduzirá sua equipe, motivando, instruindo, dando *feedback*, tendo iniciativa e tomando decisões difíceis, sobretudo em momentos críticos.

Nessas horas, o supervisor estará liderando.

Os cargos de comando dentro de uma empresa exigem a junção desses elementos: capacidade de gestão + capacidade de liderança.

Portanto, a chefia faz parte do contexto organizacional e da vida profissional, e dentro desse papel é fundamental desenvolver competências para a atuação como líder.

Afinal, **o chefe também tem que ser líder.**

Quando você entende que o líder é o meio de campo entre as pessoas e os resultados, fica mais fácil compreender que os dois papéis (chefe e líder) podem ter uma sinergia muito positiva para o negócio e os objetivos.

Por isso, esqueça a ideia de que ser chefe é algo ruim, e que todo chefe não se importa com as pessoas. O que existe são chefes bons e ruins, da mesma maneira que existem líderes que mobilizam as pessoas para o bem e para o mal.

LIDERANÇA PRODUTIVA

Quer um exemplo?

Lembre-se de que liderar significa influenciar e mobilizar pessoas para agirem em direção a um objetivo comum.

Conceitualmente, portanto, Adolf Hitler exercia um papel de liderança no período da Segunda Guerra Mundial. Ele conseguiu influenciar pessoas, fazer com que elas atuassem e trabalhassem em torno de um objetivo comum, mesmo aquele objetivo sendo extremamente negativo.

Ainda que ele tenha sido um líder que engajava as pessoas ao redor de um resultado negativo, é indiscutível que ele, à época, exerceu um papel de líder em sua sociedade.

Entenda que existem bons chefes e maus chefes, assim como existem líderes que trabalham em prol de um objetivo positivo e líderes que visam um objetivo negativo.

Ademais, ao compreender que a chefia faz parte de um contexto organizacional, você percebe que a pessoa que detém um cargo de comando pode alternar entre momentos em que está liderando, momentos em que está chefiando e ainda momentos em que está liderando e chefiando ao mesmo tempo.

Tudo isso faz parte da sua função e não impede que você possa ser um bom líder.

Um outro ponto crucial para uma boa liderança **é compreender que ser líder deve ser uma escolha**.

Isso deve ser levado em conta principalmente ao considerar o contexto de uma liderança oficial, onde você tem um cargo que exige um comportamento de líder.

Porque ao considerar uma liderança puramente comportamental, ou seja, uma pessoa que tem iniciativa e se destaca como líder em um grupo de amigos, por exemplo, ela não tem uma função formal que lhe é exigida, mas sim algo advindo do seu comportamento de maneira natural e espontânea.

Já ao considerar um cargo em que é exigido formalmente a função de liderar, esse tipo de liderança precisa ser uma escolha da pessoa, uma opção.

Ao conduzir treinamentos em empresas com gestores de diferentes níveis hierárquicos, eu costumo perguntar por que a pessoa escolheu ser líder.

E, surpreendentemente, uma das respostas mais comuns que as pessoas dão é de que elas não fizeram essa escolha.

Eu ouço muito a frase "eu sou líder, mas não escolhi ser", ou seja, a liderança simplesmente aconteceu para essa pessoa sem que essa fosse sua escolha.

Nessas vivências em empresas, percebo que existem vários motivos pelos quais as pessoas se tornam líderes sem ser por escolha própria, entre eles o tempo de empresa, uma promoção inesperada, a saída de outra pessoa ou uma redução no quadro de funcionários da companhia.

Se você se identifica com isso, entenda que você pode até não ter escolhido ir para o papel de líder, mas você precisa escolher permanecer nesse papel e nessa função.

E sabe por que isso é tão importante? Porque quando falamos de uma liderança formal, relacionada a um cargo, não se trata apenas de novas atribuições e das vantagens de uma nova posição na empresa.

É claro que muitas vezes a liderança vem com alguns bônus, e isso pode ser um grande atrativo para um cargo de liderança.

LIDERANÇA PRODUTIVA

Os bônus não se resumem simplesmente a um cargo mais elevado, mas também podem ser o reconhecimento por um resultado importante, um salário mais alto, a gratificação de ver pessoas da sua equipe se desenvolvendo ou o *feedback* positivo da sua equipe ou dos seus superiores.

No entanto, também existem muitos ônus relacionados à liderança que podem ser grandes causadores de estresse, e você deve estar ciente das dificuldades para poder fazer uma escolha adequada.

O líder enfrenta uma maior exposição a outras áreas da empresa e a cobrança por resultado é mais elevada, ao mesmo tempo em que é preciso lidar com críticas, situações pessoais dos funcionários e problemas comportamentais – e esse, na maioria das vezes, é o fator mais desafiador.

Por mais que os membros da sua equipe possam ter objetivos em comum no trabalho, cada pessoa tem objetivos pessoais diferentes, que vieram a partir de experiências de vida variadas, assim como metas e expectativas distintas em relação ao trabalho.

Ao atuar como líder, você se encontrará exposto, na linha de frente, tendo que lidar com conflitos entre pessoas, com a satisfação e a insatisfação por diferentes motivos, ao mesmo tempo em que pode haver uma cobrança exagerada e até mesmo injusta por resultados.

Isso sem mencionar a necessidade que às vezes o líder tem de lidar com recursos escassos, seja de tempo, dinheiro ou pessoas, e que parecem estar fora de suas capacidades.

Se você aceitar o papel de líder, você vai trabalhar com pessoas de diferentes personalidades e enfrentar situações adversas às quais não estava acostumado, tendo que lidar com todos os bônus e ônus da função.

Diante disso, para ser um bom líder e desempenhar bem esse papel, você precisa basicamente de duas coisas:

Primeiro, você precisa estar ciente do que envolve o papel do líder, quais são as expectativas, responsabilidades e funções desse cargo.

Depois, você precisa estar decidido de que realmente quer isso.

Ao longo do caminho, você perceberá que se você está nesse cargo simplesmente porque o colocaram lá, de forma alheia à sua decisão, a chance de você desempenhar bem a sua função é muito pequena.

Isso porque, como você acabou de ver, um cargo de liderança envolve não apenas as funções técnicas e gerenciais. O cargo também envolve, principalmente, as questões humanas e comportamentais para que você conduza seu grupo com maestria até os resultados que se esperam dele.

Em outras palavras, **você precisa estar disposto a pagar o preço da liderança.**

E é por isso que liderar tem que ser uma escolha.

Se a liderança não for uma opção sua, é melhor que explique a situação e chegue a um consenso que seja bom para você e para a empresa.

Ou, ainda, você pode buscar desenvolver as habilidades que irão torná-lo mais seguro para assumir esse papel, mas isso igualmente precisa ser uma escolha.

Você precisa saber o que envolve a função de liderança, estar ciente dos riscos, da exposição, da cobrança e da responsabilidade, e mesmo assim ter vontade e concordar em assumir o papel de líder.

Só assim você terá a condição de aprender, pagar o preço e se desenvolver.

Em teoria, isso pode parecer óbvio para você. Mas na prática é muito comum que as pessoas cheguem até um cargo de liderança por acidente, sem terem planejado e se preparado para isso.

LIDERANÇA PRODUTIVA

As coisas simplesmente foram acontecendo na base do famoso "deixa a vida me levar" e, quando a pessoa percebe, já está em um cargo importante e com um time para liderar.

Quando isso acontece, você precisa dar um passo atrás e refletir se esse é o lugar em que você quer ficar, para que isso seja uma decisão sua. Liderar precisa ser uma decisão consciente!

Anos atrás eu decidi que queria ser um líder e que aprenderia a liderar, ciente de todos os bônus e riscos que a liderança envolve. E você, qual é a sua decisão agora?

Chegando ao final deste capítulo, deixo aqui para você algumas perguntas para reflexão:

1. Você já tinha parado para pensar em quantas situações você já liderou durante a sua vida, mesmo não exatamente sendo um líder com um cargo ou função oficial?

2. Agora que você está ciente do que é liderança e de todos os bônus e ônus associados, você está disposto a assumir as responsabilidades e o papel de um líder?

3. Você já parou para pensar qual é o seu papel como líder dentro da empresa em que trabalha ou deseja trabalhar?

CAPÍTULO 2

Capítulo 2

ESTILOS DE LIDERANÇA

"Grandes líderes mudam de estilo para levantar a autoestima de suas equipes. Se as pessoas acreditam nelas mesmas, é impressionante o que elas conseguem realizar."

Sam Walton

A ntes de começar a falar sobre os estilos de liderança, preciso fazer algumas observações importantes.

A primeira é que eu não gosto de colocar rótulos em pessoas. Aquela crença de que "eu sou assim" ou "esse é meu estilo, não posso mudar" tem grandes chances de bloquear a sua correta percepção sobre o ambiente em que você está inserido e isso dificilmente será um aspecto positivo sobre o seu trabalho.

Quem aceita uma definição e acredita nela cegamente, perde a oportunidade de aprender e de evoluir ao experimentar o novo e se abrir para outras experiências.

Rótulos são perigosos, e minha intenção aqui não é apresentar definições engessadas para que você se encaixe em alguma delas.

LIDERANÇA PRODUTIVA

Meu objetivo é apresentar a você os estilos de liderança existentes, que vão fazer muito sentido para que você entenda o conceito da liderança produtiva, que irei apresentar ao final deste capítulo e no decorrer de todo o livro.

Além do mais, vale mencionar que você não possui precisamente um único estilo de liderança em todas as áreas da sua vida. Você pode se encontrar em um estilo de liderança em uma empresa e achar mais adequado adotar outro estilo de liderança em uma outra empresa ou situação.

A escolha de um determinado estilo de liderança deve considerar, acima de tudo, o contexto e a cultura organizacional. Ou seja, quem são as pessoas que você está liderando, qual a empresa, o ambiente, o momento, a situação e o projeto em que você está assumindo um papel de líder.

Por isso, tenha cuidado ao dizer que "aquela empresa tem líderes com essa característica" ou então "aquela pessoa é um líder daquele tipo", pois pode ser equivocado, já que muda constantemente.

É claro que existem algumas características pessoais que você tende a adotar no seu estilo de liderança, mas muitas vezes você adapta esse estilo de acordo com o que a situação pede.

Isso quer dizer que pode acontecer de uma empresa ter líderes que adotam um determinado estilo de liderança, assim como você pode conhecer um líder que tenha algumas características de sua personalidade que são demonstradas em seu estilo de liderança, o que não quer dizer que isso seja uma regra.

Todavia, é muito importante que você conheça os diferentes estilos de liderança que podem ser aplicados aos mais variados contextos e cultura organizacionais que você pode encontrar.

Falando agora sobre os principais tipos de liderança, você inicialmente vai encontrar a liderança formal e a informal.

O QUE É A LIDERANÇA FORMAL?

A liderança formal é aquele estilo padrão de liderança, onde existe a figura do chefe centralizador que determina as regras e as pessoas que cumprem essas regras sem questionar muito. Esse estilo funcionou durante muito tempo, pois fazia sentido dentro de um contexto cultural e organizacional da época.

Nesse estilo, a hierarquia costuma ser muito valorizada, assim como o tempo de empresa e o respeito ao chefe. O funcionário mais antigo tinha *status*, mais respeito e maior chance de ser promovido. Os processos costumavam ser bem definidos e seguidos à risca, de maneira formal, estruturada e metódica.

Esse modo de liderar era muito comum nas empresas até as décadas de 1970 e 1980.

Entenda que eu não quero dizer que esse estilo de liderança seja bom ou ruim, tudo depende do contexto e do que faz mais sentido considerando o tempo, o ambiente e a sociedade em que essa empresa está trabalhando em busca de seus objetivos e ideais.

No entanto, é um estilo de liderança mais conservador, pouco alinhado com o pensamento e a expectativa dos colaboradores mais jovens.

E o que é a liderança informal?

Na liderança informal, a figura do chefe não é tão convencional como na liderança formal.

Nesse estilo, o líder está mais preocupado com que as coisas funcionem como um todo no departamento e na empresa, sem se prender excessivamente em regras rígidas ou preestabelecidas.

Questões como horários e vestimentas do funcionário geralmente ficam em segundo plano.

LIDERANÇA PRODUTIVA

A liderança informal costuma ser mais participativa, de forma que as decisões se tornem mais compartilhadas. Nesse caso, o líder pergunta e de fato leva em consideração a opinião das pessoas, mesmo que a decisão final seja do gestor.

Ainda que a liderança informal possa ser considerada mais moderna, é claro que ela também precisa estar adequada ao contexto de sociedade e aos objetivos organizacionais de cada companhia.

Além desses dois tipos de liderança, conhecidos como formal e informal, existem também outras nomenclaturas mais recentes relacionadas aos estilos de liderança, como o líder *coach*, a liderança humanizada e a liderança situacional.

O QUE É O LÍDER COACH?

O líder *coach* tem como base o *Coaching*, que é uma metodologia de atingimento de metas a partir do desenvolvimento da pessoa, onde são abordados aspectos como autoconhecimento, foco, planejamento, ação e melhoria contínua.

Nesse estilo de liderança, o intuito do líder é levar a metodologia e algumas ferramentas do *Coaching* para dentro da sua função, ao utilizar esse método no seu dia a dia e na condução e desenvolvimento dos seus liderados.

Isso quer dizer que o líder *coach* é aquele líder que se preocupa com o desenvolvimento das pessoas. É claro que ele também está atento ao resultado que vai ser atingido, mas sua maior precaução é para que a equipe evolua e cresça junto durante esse processo.

No lugar de fornecer regras rígidas e respostas prontas, o líder *coach* provoca a reflexão ao indagar e fazer com que a pessoa corra atrás para identificar a resposta, a partir de um crescimento de dentro para fora sustentado.

Ele faz muitas perguntas de reflexão, visando o crescimento e fazendo com que a pessoa encontre o próprio caminho e as próprias respostas.

Portanto, o objetivo do líder *coach* é estimular esse crescimento, oferecendo condições para que isso aconteça, instigando essa reflexão e a busca de melhoria, sem renunciar ao atingimento de metas.

O QUE É A LIDERANÇA HUMANIZADA?

O conceito de liderança humanizada vem como um contraponto à caricatura do chefe rígido e focado essencialmente em resultados, mais comum no estilo de liderança formal.

Nesse caso, a liderança humanizada considera que o líder tenha o olhar voltado para o bem-estar das pessoas. Ele se preocupa com a equipe estar bem e feliz, pois acredita que uma equipe engajada tem condições de produzir mais e gerar melhores resultados.

Aqui, vale um cuidado para que a palavra "humanizado" não sugira que o líder só esteja atento para o ser humano. Na verdade, o conceito de liderança humanizada leva a equipe muito em consideração, mas sem deixar de lado os resultados organizacionais.

Ao analisar os estilos de liderança, não se esqueça de que o conceito principal de liderança é ser a ponte entre as pessoas e os resultados.

Desse modo, a liderança humanizada envolve um olhar e uma preocupação maior com a equipe porque acredita que isso é bom para o ambiente como um todo, atribuindo como consequência um aumento na produtividade da equipe.

O QUE É A LIDERANÇA SITUACIONAL?

A liderança situacional é um dos estilos mais estudados e trabalhados

LIDERANÇA PRODUTIVA

hoje em dia. Nesse estilo de liderança, o líder age de acordo com o que a situação pede.

Isso quer dizer que a liderança situacional entende que o líder não se enquadra em um perfil fixo, mas é flexível de acordo com a cultura da empresa, com o momento socioeconômico e com as pessoas envolvidas, onde o líder busca se adequar à situação.

Como exemplo dessa adequação, podemos considerar que o trato com a equipe operacional numa fábrica é feito de uma forma, enquanto o comportamento do líder durante uma reunião com fornecedores ou diretores da empresa provavelmente será de outra maneira.

Com isso, podemos concluir que a liderança situacional é um estilo de liderança que entende a existência de uma flexibilidade, no sentido de você adequar os seus comportamentos à necessidade e circunstâncias de cada situação.

E por que eu falei que é complicado usar rótulos?

Porque, na prática, muitas vezes esses estilos se misturam, sendo usadas características de alguns deles ao mesmo tempo.

A liderança situacional, ao ser flexível de acordo com a situação, pode por exemplo utilizar elementos de formalidade, informalidade ou ferramentas de *Coaching*, dependendo do contexto.

Da mesma maneira, o líder *coach* pode ter uma visão mais humanizada do seu papel de liderança, ao mesmo tempo em que ajusta seus comportamentos, dependendo do ambiente da empresa e do grupo que está liderando.

Em razão disso, é correto afirmar que existe uma interseção entre os estilos de liderança, gerando diversas possibilidades de acordo com suas variações.

O mais interessante de conhecer os estilos de liderança é justamente compreender as possibilidades de interação existentes entre eles, e de que modo isso funciona na prática diária do líder.

Ademais, entender os estilos de liderança básicos é fundamental para que você compreenda o conceito inovador de liderança produtiva, que apresentarei neste livro.

AFINAL, O QUE É A LIDERANÇA PRODUTIVA?

A liderança produtiva considera o líder que tem as habilidades de produtividade e gestão do tempo muito latentes e desenvolvidas.

Essas habilidades se referem tanto à sua própria produtividade pessoal, quanto à produtividade que ele consegue desenvolver e gerar na sua equipe, em busca dos resultados em comum.

Quando falamos em liderança produtiva, o foco do líder está na geração de uma maior produtividade da equipe e do ambiente de trabalho, preparando seu time e fornecendo as condições e ferramentas necessárias para construir um ambiente naturalmente produtivo, onde os resultados acima da média ocorrem de forma consistente.

Com isso, toda a comunicação, *feedback*, processos, ambiente e condições de trabalho envolvidos estão mais concentrados na produtividade, mas sem esquecer o bem-estar dos colaboradores do seu grupo.

Conforme o subtítulo deste livro, eu vou apresentar a você como montar equipes de alta *performance* sem deixar de lado o fator humano.

Você pode constatar que o conceito de liderança utilizado aqui permanece o mesmo apresentado no início deste livro, onde líder é a ponte entre pessoas e resultado.

LIDERANÇA PRODUTIVA

No entanto, no estilo de liderança produtiva, o fator de produtividade está latente, tem força.

A ênfase que eu quero destacar é sobre ser produtivo no sentido de gerar resultados em menos tempo e gastando menos energia, ou seja, de forma inteligente. É sobre otimizar o seu trabalho enquanto líder e fornecer o ambiente e as condições necessárias para que sua equipe também possa otimizar o trabalho dela.

Na liderança produtiva, você entende a importância do cuidado com a equipe, no sentido de se preocupar com o bem-estar das pessoas e seu engajamento. Dessa forma, você se dedica a construir uma relação de parceria e confiança com seus liderados, ao mesmo tempo em que você também tem o foco na produtividade.

Esse estilo de liderança produtiva faz com que as coisas fluam e aconteçam de verdade.

Seguindo o conceito apresentado neste livro, você verá que o resultado se faz naturalmente porque os processos foram criados para isso, o ambiente foi igualmente preparado com esse objetivo, e a forma com a qual você lidera e se comunica torna você e sua equipe pessoas de alta *performance*.

Esse é o conceito de liderança produtiva.

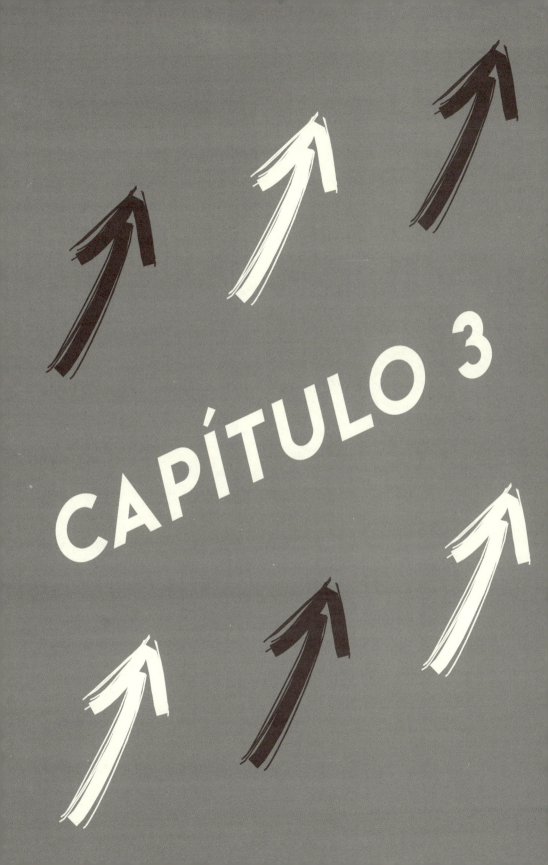

Capítulo 3
COMO SER UM ÓTIMO LÍDER

"Nosso desejo é alguém que nos inspire a ser o que sabemos que podemos ser."

Ralph Waldo Emerson

Liderar não é fácil.

Exatamente por isso deve ser uma escolha consciente, como você viu nos capítulos anteriores.

Estar à frente de um grupo de pessoas e conduzi-las a grandes objetivos de forma harmônica e coesa é um desafio e tanto. Isso vai exigir sacrifícios de você e certamente terá que renunciar a muita coisa durante esse processo, além de enfrentar situações estressantes que testarão seus limites.

Algumas vezes, você vai pensar em desistir de ser líder. Outras vezes, você vai se questionar se realmente dará conta do recado.

Nesse processo de liderar, você vai errar. E provavelmente não errará poucas vezes.

Talvez essas palavras não sejam exatamente o que você gostaria de ler no início deste capítulo. Eu poderia romantizar o conceito de liderança

LIDERANÇA PRODUTIVA

e ficar aqui só falando dos seus benefícios e o quanto é linda essa missão de guiar pessoas.

Mas eu não estou aqui para enganar você, e sim para ajudá-lo a se tornar um ótimo líder para sua equipe e dentro da sua organização.

Se o desafio da liderança é grande, e eu já adiantei que haverá erros no caminho, uma das primeiras coisas que o líder precisa entender é que o erro faz parte do processo de evolução.

Mais do que entender, o líder precisa aceitar isso.

E aceitar o erro como parte do processo de evolução significa se perdoar por falhas cometidas e as usar como ferramenta para uma melhoria contínua.

Quando o líder aceita que cometerá erros, é natural ele entender que sua equipe também os cometerá, e os erros do seu time também fazem parte do processo, tanto quanto as suas próprias falhas.

Mas atenção: entender e aceitar que erros acontecerão é totalmente diferente de se acostumar com os erros e não buscar corrigi-los.

Nem o líder e nem a sua equipe devem se conformar com resultados ruins e serviços malfeitos. Na verdade, nenhum grupo pode ficar satisfeito com a mediocridade e com o desempenho abaixo do que poderia render.

Por outro lado, o medo de errar não deve ser um obstáculo para que o líder e sua equipe busquem soluções, tenham novas ideias e usem a criatividade em prol dos objetivos comuns.

Quando o líder critica e repreende de forma dura qualquer coisa que saia errada, ele na verdade está inibindo o seu time e estimulando que ele faça apenas o básico.

Se você já viu ou já passou por alguma situação parecida, saiba que isso acontece justamente pelo medo de errar. Mas ao fazer somente o básico, a equipe não vai se desenvolver e nem chegar perto dos resultados que poderia atingir, ainda que ela possa errar menos.

Entenda que a ausência de erros não é sinônimo de sucesso.

E se você está aqui lendo este livro, é porque você quer ser um líder extraordinário e produtivo, e não um líder básico. Estou certo?

Outra característica fundamental que todo líder precisa ter é entusiasmo.

Se a liderança consiste em influenciar pessoas para atingir objetivos em comum, saiba que, na prática, essa influência acontecerá muito mais por aspectos emocionais do que racionais.

Pense por um minuto nas pessoas que você gosta de estar perto, que fazem você se sentir bem, e pelas quais faria algo diferente e daria o seu melhor.

Provavelmente você pensou em pessoas agradáveis, bem-humoradas e empolgantes, certo? Pois é exatamente disso que estou falando.

Quando falo em entusiasmo, estou falando de energia positiva que empolga e contagia as pessoas à sua volta. O bom humor traz leveza e descontração para o ambiente, e isso é muito positivo para a liderança.

O entusiasmo gera conexão e engajamento entre o líder e a equipe.

Isso não significa que o líder precisa ser necessariamente uma pessoa extrovertida ou um piadista. Não é isso.

Estou falando de vibração!

O líder precisa ser uma pessoa vibrante, com aquele brilho nos olhos capaz de encantar seu time e que demonstra força, confiança e intensidade.

Eu gosto muito dessa palavra: intensidade.

Não seja um líder morno. Seja um líder intenso!

Intenso no sentido de entusiasmado, carismático e seguro de suas decisões. Uma pessoa intensa que levanta e que motiva a equipe.

LIDERANÇA PRODUTIVA

E isso nem sempre é fácil, pois os líderes são seres humanos comuns. São pessoas que falham, que choram, sentem dor, medo, ficam doentes, e que certamente também têm seus dias ruins.

Não espere que o líder seja um super-herói como nos filmes, com uma capa mágica que blinda e protege de todo mal.

Os problemas podem acontecer na sua família, nos relacionamentos, na saúde, ou até mesmo ser financeiros. Tudo isso pode acontecer com qualquer pessoa, seja o líder ou sua equipe, e algumas situações inesperadas têm um grande poder de afetar o desempenho profissional.

Não caia na armadilha de acreditar naqueles clichês que dizem que é preciso separar a vida profissional da pessoal, e que você não deve levar problema de casa para o trabalho e do trabalho para casa. Isso simplesmente não existe!

Nosso sistema funciona como um todo, de maneira integrada.

Como exigir que um pai ou uma mãe com um filho doente em casa trabalhe 100% focado, sem se preocupar com seu filho durante a jornada de trabalho?

Agora pense em alguém que teve um dia péssimo de trabalho, cheio de imprevistos e problemas se acumulando. Como essa pessoa chega em casa no fim do dia com a mesma alegria de sempre, como se tivesse tido um dia comum?

Ou então uma pessoa que teve um colega querido que foi demitido, como trabalhar com o mesmo foco e atenção como se nada tivesse acontecido?

Essas situações podem acontecer com qualquer um, inclusive com o líder.

Mas quando o líder entende a importância e a responsabilidade do seu papel, fica mais fácil resgatar o entusiasmo.

Isso quer dizer que o líder também sente o golpe em momentos difíceis, no entanto, ele logo se recompõe, porque sabe da influência que tem sobre o grupo e o quanto isso é determinante nos resultados financeiros da empresa.

Lembra que eu disse que toda equipe é reflexo do seu líder?

Exatamente por ser essa referência, as pessoas tendem a seguir os comportamentos de quem está na liderança.

Um líder cabisbaixo influenciará o grupo de maneira negativa, baixando o rendimento do seu time. Já um líder com entusiasmo influencia sua equipe de forma intensa e positiva, refletindo melhores resultados para todos.

A equipe tende a se espelhar e ser o reflexo do seu líder.

Ou seja, quanto melhor o líder estiver, melhor estará sua equipe e melhores serão os resultados obtidos por esse grupo.

Portanto, esqueça aquelas frases prontas disfarçadas de humildade que dizem que você deve primeiro fazer o bem para os outros e só depois pensar em você. Isso é bobagem!

Se é você quem lidera, você precisa estar bem para que a sua equipe também fique bem.

Como é possível que uma mãe cuide bem do seu filho se ela mesma não está bem?

Pense também em um professor que está cheio de problemas, mal de saúde e com várias preocupações na cabeça. Você acha que ele conseguiria ter excelência e a mesma dedicação ao exercer seu trabalho com os alunos?

Outro exemplo disso ocorre durante um voo de avião, quando a aeromoça passa os procedimentos de segurança e explica que máscaras de oxigênio cairão automaticamente do teto em caso de despressurização.

LIDERANÇA PRODUTIVA

A recomendação diz para colocar a máscara primeiro em quem? No adulto ou na criança?

Sim, é no adulto. Ele precisa primeiro estar em segurança para que depois tenha condições de ajudar a criança. Se ele pensar primeiro na criança, corre o risco de desmaiar e a criança não saber o que fazer sozinha.

É por isso que todo bom líder pensa primeiro em seu próprio bem-estar, de forma física, mental e emocional.

Esse comportamento não tem nada de egoísta, pelo contrário. O líder produtivo sabe que é o espelho de sua equipe e que tem influência no resultado de todos.

Por isso, quanto melhor esse líder estiver, maior é a contribuição que ele consegue oferecer aos outros.

Outra característica fundamental que todo líder precisa entender é que **a boa liderança se baseia no exemplo.**

E na hora de educar, liderar e orientar, nada é mais poderoso do que o exemplo.

Pense nas crianças pequenas e em como elas seguem os exemplos dos pais.

Você com certeza conhece uma menina que quer se vestir igual à mãe, usar suas joias, seus sapatos e seu batom. Ou um menino que simula que está fazendo a barba em frente ao espelho, assim como seu pai faz.

Desde criança, nós temos a tendência de seguir os exemplos de nossas referências e lideranças.

A palavra de quem educa é muito importante, mas é o exemplo que efetivamente mostrará o comportamento que esperamos que seja seguido. E essas duas coisas, palavra e exemplo, devem sempre andar juntas.

Isso significa que o bom líder sempre preza pela congruência.

Imagina um pai que fala para seu filho que ele precisa comer frutas e legumes porque é saudável, mas o filho o vê comendo hambúrguer todos os dias.

Que tipo de mensagem esse pai está passando para o seu filho? Qual a congruência e a credibilidade de sua educação se ele próprio não vive o que prega?

O mesmo acontece com o líder e sua equipe dentro de uma empresa.

Se o líder deseja, por exemplo, que seu time respeite os horários de entrada e de almoço no trabalho, ele mesmo deve ser o primeiro a respeitar as regras de horários.

Da mesma forma, o líder deve se mostrar engajado e comprometido com os projetos para que possa exigir e esperar o mesmo empenho e engajamento da sua equipe.

Quando não há congruência entre o que se fala e o que se faz, perde-se a credibilidade e a confiança da equipe.

Resumindo: perde-se o comando.

Até aqui, você viu três características importantes do líder produtivo:

- **entende que o erro faz parte do processo de evolução;**
- **lidera com entusiasmo;**
- **lidera pelo exemplo.**

Vamos agora conhecer mais a fundo o que são competências e como um excelente líder pode adquirir e aprimorar sua liderança no grupo de trabalho.

LIDERANÇA PRODUTIVA

TEORIA DO CHA

Quero propor um rápido exercício, topa?

Pense em alguém que você admira muito. Alguém que você considera um exemplo de líder, ou simplesmente uma pessoa de sucesso.

Pode ser um amigo, um ex-chefe, uma professora ou o treinador do clube. Quem sabe seu pai, sua mãe, esposa, marido. Ou mesmo alguém famoso, da televisão ou da *Internet*. Pode até mesmo ser um personagem fictício de um filme, não importa.

Agora pense em uma segunda pessoa assim. Outra pessoa que você admira e que considera um exemplo de líder ou simplesmente uma pessoa de sucesso.

E então pense ou escreva três qualidades para cada uma delas.

O que mais impressiona você nessas pessoas? O que faz você admirá-las?

Se você escrever as qualidades em vez de apenas pensar, será mais fácil de lembrar mais tarde. Por isso, deixo o espaço abaixo para que você faça esse exercício.

Pessoa que admiro A: _____

  • **Característica 1:** _____

  • **Característica 2:** _____

  • **Característica 3:** _____

Pessoa que admiro B: _____

  • **Característica 1:** _____

  • **Característica 2:** _____

  • **Característica 3:** _____

Quando falamos sobre competências de um indivíduo, estamos tratando de um assunto amplo e que pode ser analisado por vários ângulos diferentes.

No entanto, uma das abordagens mais aceitas e utilizadas no mundo a respeito do estudo das competências é a teoria do CHA.

Essa teoria foi desenvolvida por Scott B. Parry em seu livro *The quest for competencies*, de 1996.

O CHA nada mais é que o acrônimo referente a Conhecimento, Habilidade e Atitude.

Esse conceito explica que a competência de um indivíduo é composta por esses três elementos, que se completam e interagem entre si. Eles formam a engrenagem que movimenta uma pessoa ou um grupo para o alcance de seus resultados.

Você pode entender o CHA como um tripé que sustenta toda e qualquer competência.

Tudo, absolutamente tudo o que você conquistou até hoje, se deve ao conjunto dos seus conhecimentos, suas habilidades e suas atitudes.

Todo resultado, seja ele bom ou ruim, é decorrente desses três fatores, independentemente da sua idade, cargo ou condição social.

Vamos entender um pouco melhor cada um desses elementos?

O conhecimento se refere ao saber teórico. São as informações e conceitos cognitivos que você aprende na escola, nos livros, nos cursos, na universidade, no trabalho e no seu dia a dia. Também engloba sua capacidade de processar e reter informações.

Entre os exemplos do conhecimento estão informações diversas, dados numéricos, conhecimento geral, teorias sobre diferentes áreas, conceitos teóricos, valores estatísticos, entre outros.

LIDERANÇA PRODUTIVA

A habilidade se refere ao saber fazer. É quando você pega um conhecimento teórico e o coloca em prática. A habilidade se refere a tudo que você efetivamente aprende e utiliza em sua vida.

Isso pode parecer óbvio, mas nem todo conhecimento que você adquire durante a vida é colocado em prática. Na verdade, a maior parte do conhecimento teórico não chega a virar uma habilidade.

Pense, por exemplo, em todo o conhecimento teórico que você aprendeu na faculdade. Qual porcentagem desse conhecimento você realmente utiliza no dia a dia? Eu posso apostar que é a minoria.

Junto com o conceito de habilidade está a ideia de prática, repetição e experiência. Quanto mais experiência a pessoa tiver e quanto mais ela praticar, maior será sua habilidade em determinada tarefa.

Entre os exemplos de habilidades estão a prática de esportes, tocar um instrumento musical, dançar, habilidades motoras, habilidades com informática, capacidade de comunicação e oratória, serviços artesanais etc.

Já a atitude se refere ao querer fazer. Ela está diretamente ligada à sua maneira de pensar ou sentir sobre alguma coisa ou alguém. A atitude engloba também suas ações relacionadas a um evento ou situação.

O "querer fazer" é tão poderoso que muitas vezes o desejo da pessoa realizar algo é forte ao ponto de ela dar um jeito de realizar o que quer, mesmo quando as circunstâncias não são favoráveis.

Ou seja, mesmo que a pessoa não tenha os conhecimentos ou as habilidades necessárias, ela encontra um meio de buscar os recursos que lhe faltam para alcançar o resultado desejado.

Como exemplos de atitude estão a perseverança, honestidade, senso de justiça, simpatia, proatividade, educação, força de vontade, interesse genuíno, entre outros.

De forma resumida, podemos dizer que:

- Conhecimento = saber teórico
- Habilidade = saber fazer
- Atitude = querer fazer

Para trazer um exemplo prático do CHA, imagine a competência de tocar violão.

Saber quais são as notas musicais, as posições dos dedos em cada acorde e conhecer as cordas do violão compõem o conhecimento.

Saber fazer um dedilhado, montar rapidamente os acordes e tirar um som limpo do violão representam a habilidade.

E ter a disciplina de treinar todos os dias, com dedicação, superação e sem desanimar com as falhas no caminho, forma a atitude.

Lembra do exercício que propus agora há pouco?

Você pensou em duas pessoas que admira e para cada uma delas listou três características, certo?

Com isso, temos ao todo seis características listadas.

Como próximo passo, releia essas características e veja onde cada uma delas se enquadra: conhecimento, habilidade ou atitude?

Eu não sei quais pessoas você escolheu e nem quais características listou, mas muito provavelmente a maioria das características se enquadra na atitude. Acertei?

Isso acontece porque a atitude se refere a questões comportamentais, enquanto conhecimento e habilidade são aspectos mais técnicos

LIDERANÇA PRODUTIVA

e cognitivos. E é natural as pessoas valorizarem e se identificarem mais com os aspectos comportamentais do que com questões técnicas.

Se fôssemos mensurar essa divisão de acordo com o que as pessoas mais valorizam e o que gera mais resultado, teríamos a seguinte distribuição:

- Atitude: 60%
- Habilidade: 25%
- Conhecimento: 15%

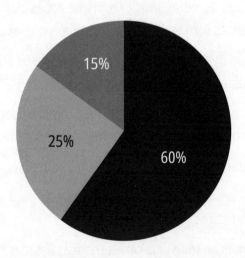

Esses números não representam necessariamente o resultado de uma pesquisa estatística, mas sim o que eu já observei empiricamente em inúmeras empresas e situações, além do contato com as centenas de pessoas já treinadas por mim.

O resultado reforça ainda mais a necessidade que o líder tem de se atentar na sua relação com as pessoas ao desempenhar seu papel dentro da empresa.

Isso porque serão as suas atitudes que farão você ser admirado e seguido pelas pessoas, muito mais que seus conhecimentos e habilidades. Somente com atitudes efetivas você conseguirá formar uma equipe altamente produtiva e comprometida com os resultados que a empresa busca.

É fácil perceber no cotidiano que o nosso comportamento é o principal responsável pelos resultados que temos.

Um exemplo interessante disso é que apenas 5% dos brasileiros aproximadamente falam inglês fluentemente. No entanto, uma quantidade enorme de pessoas já se matriculou numa escola ou curso de inglês, começou a estudar e depois desistiu.

O que será que faltou? Conhecimento, habilidade ou atitude?

O mesmo acontece com as inúmeras pessoas que dizem que adorariam tocar um instrumento musical. Com o tanto de vídeos gratuitos na *Internet* e com a informação disponível para todos, qual a diferença entre quem aprendeu a tocar violão e uma pessoa que passa anos falando que adoraria aprender?

Pense também nas pessoas que você conhece que possuem estudo, várias formações e muito conhecimento teórico, mas que não sabem ou não conseguem gerar resultados satisfatórios, ou não são bem-sucedidas profissionalmente.

O que você acha que realmente impede essas pessoas de conseguirem aquilo que tanto querem? Conhecimento, habilidade ou atitude?

Por outro lado, existem também várias histórias de pessoas que conseguiram se destacar e vencer na vida, conquistando resultados excepcionais mesmo em situações extremamente adversas.

O que essas pessoas tiveram de diferente para vencer, mesmo sem ter inicialmente o conhecimento e as habilidades? É claro que elas tiveram atitude!

LIDERANÇA PRODUTIVA

Acredite em mim: **a atitude é o pilar principal da competência que você precisa desenvolver.**

E estou me referindo não apenas a você como líder, mas também a cada membro da sua equipe.

Mais que uma teoria para efeitos didáticos, o CHA pode e deve ser usado como ferramenta de gestão, seja na hora de distribuir funções ou montar uma equipe de alta *performance* para um projeto ou departamento.

Agora que você já sabe que as atitudes e os aspectos comportamentais representam cerca de 60% da competência e resultados de uma pessoa, faz sentido você montar sua equipe produtiva pensando apenas nas questões técnicas e cognitivas?

É claro que não!

Talvez você já tenha escutado falar que as empresas contratam um colaborador pelos aspectos técnicos e demitem por problemas comportamentais. Felizmente, isso aos poucos está mudando, mas ainda é a realidade em muitas empresas.

Na prática, é muito mais fácil você ensinar (conhecimento) e treinar (habilidade) uma pessoa com os comportamentos ideais (atitude) do que pegar um funcionário com bom conhecimento e querer treinar ou mudar seus aspectos comportamentais.

Isso pode parecer óbvio, mas muitas empresas e líderes ainda cometem esse grave erro.

Você, no seu papel de líder, deve mapear quais atitudes espera encontrar na sua equipe, e analisar quais características que cada membro do time já possui ou então que precisa desenvolver.

E para aqueles que precisam desenvolver aspectos comportamentais, você deve criar as condições para que isso ocorra, além de zelar por manter um ambiente que favoreça tais comportamentos por parte dos seus liderados.

O desenvolvimento dessas atitudes pode ocorrer de diversas maneiras, desde uma simples conversa individual, como também em treinamentos, cursos ou um processo de *Coaching*.

Tudo vai depender da atitude a ser desenvolvida, do perfil e da maturidade do funcionário, bem como das regras da empresa e do orçamento disponível para tais ações.

VOCÊ JÁ ANALISOU COMO SÃO AS SUAS ATITUDES COMO LÍDER?

Logicamente, não é apenas a equipe que precisa desenvolver e lapidar aspectos comportamentais. É fundamental que o líder também o faça.

E aqui acontece um erro bastante comum de muitos líderes, principalmente quando estão há pouco tempo no cargo: eles focam demasiadamente em tarefas puramente técnicas e operacionais.

Líder, não se esqueça disso: **seu papel é gerar resultados por meio do seu time.**

Já cansei de presenciar pessoas em cargos de liderança se afundando em inúmeras tarefas meramente operacionais e rotineiras. E o pior: essas pessoas alegam que não dão *feedback* aos funcionários ou que não acompanham suas equipes de perto, pois não têm tempo!

Esse erro muitas vezes acontece por uma falha estrutural e sistêmica da organização, quando a empresa não entende o verdadeiro papel da liderança dos seus gestores. Mas essa falha também pode ser uma autossabotagem do próprio líder.

LIDERANÇA PRODUTIVA

Muitos líderes, por insegurança, acabam se escondendo atrás das tarefas técnicas que já estavam acostumados a fazer.

Não é raro nas empresas o gestor ter sido alçado a esse cargo por ter se destacado nas suas funções técnicas. Isso pode acontecer com uma assistente que vira supervisora ou um técnico que vira coordenador, por exemplo.

A empresa faz essa promoção de cargo como forma de reconhecer um funcionário por seu bom trabalho ou então como premiação pelo tempo de empresa.

No entanto, esse novo líder muitas vezes não possui as competências para lidar com pessoas, fazendo com que ele automaticamente se esconda e busque refúgio no seu porto seguro: as tarefas técnicas.

Afinal de contas, no inconsciente desse líder, ele sabe que foram essas tarefas técnicas executadas com maestria que o fizeram subir de cargo.

Mas o que você precisa entender é que as competências que o elevaram ao cargo de liderança não são as mesmas competências que farão você permanecer lá em cima.

Agora o jogo mudou: seu cargo é outro, suas funções são outras e a expectativa sobre o seu trabalho também.

Quando a empresa promove a gestor um ótimo técnico sem as devidas competências comportamentais, ela não só está perdendo um excelente técnico, como também não está ganhando um bom líder.

Lembre-se de que liderar deve sempre ser uma escolha consciente.

Por isso, se você chegou ao cargo de liderança e está perdido, primeiro decida se você realmente quer ser um líder.

Se a resposta for sim, não se omita e nem fuja da responsabilidade de lidar com pessoas. Identifique seus pontos de melhoria e se comprometa com sua evolução pessoal, com sua equipe e sua carreira.

Não seja apenas um gestor de tarefas.

Assuma seu papel por completo e seja um líder produtivo, gerando resultados consistentes por meio das pessoas.

CAPÍTULO 4

Capítulo 4

COMPETÊNCIAS DO LÍDER PRODUTIVO

"Se suas ações inspiram outros a sonhar mais, aprender mais, fazer mais e tornar-se mais, você é um líder!"

John Quincy Adams

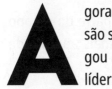gora que você já entendeu o que é uma competência e quais são seus três elementos que funcionam como um pilar, chegou a hora de conhecer as principais competências de um líder produtivo.

Vale ressaltar que as competências que descreverei aqui não são atributos utilizados de forma totalmente independente. Na maioria das situações dentro do seu papel de líder na empresa, você usará várias delas ao mesmo tempo.

Essas competências trabalham o perfil do líder de maneiras complementares, e às vezes diferentes competências se fundem em uma só. O mais importante é entender que liderar não é uma ciência exata, e que não é possível seguir um modelo matemático de sucesso.

Por isso, não existe uma receita mágica e infalível que funcione para 100% dos casos.

LIDERANÇA PRODUTIVA

O modelo de liderança adotado para a empresa A pode não dar certo se for seguido à risca pela empresa B.

Isso porque temos que levar em consideração a cultura organizacional, o perfil dos funcionários, o ramo de atuação da empresa, o momento socioeconômico, entre tantos outros aspectos que vão interferir nas decisões do líder e na resposta dos seus liderados.

Por essa razão, é preciso maturidade e sensibilidade para entender o que a situação pede e usar as competências de acordo com a necessidade.

Pense nas competências do líder como sendo uma caixa de ferramentas. Você possui o seu arsenal completo, mas usará a ferramenta mais adequada para o serviço que está realizando no momento.

A tarefa de dar *feedback* a um colaborador é totalmente diferente da tarefa de desenhar o planejamento do departamento.

Acompanhar as métricas dos resultados do time também é diferente de gerenciar um conflito interno que surgiu.

Essas são tarefas bem distintas, mas que fazem parte do escopo do líder. Por isso, ele precisará usar a ferramenta mais apropriada para cada tarefa.

Outro ponto que vale mencionar é que não existe uma escala de valores que defina qual competência é mais importante que outra.

É claro que no grupo que você lidera haverá, sim, determinados comportamentos que serão mais utilizados e sem os quais você dificilmente conseguirá fazer sua equipe atingir os resultados esperados.

Mas isso também dependerá de diversos fatores.

Por isso, eu gosto muito de pensar nas competências como sendo uma caixa de ferramentas: por mais que o martelo seja mais utilizado que uma chave inglesa, nem sempre a tarefa a ser feita pedirá um martelo.

E, então, vamos começar a montar o seu arsenal de ferramentas de um líder produtivo?

INICIATIVA

Basicamente, existem dois tipos de pessoas: pessoas reativas, que esperam ver as coisas acontecerem para depois decidir como irão agir, e pessoas que tomam iniciativa e agem de acordo com o que elas querem que aconteçam.

Os bons líderes jogam no segundo time.

Ter iniciativa está diretamente ligado ao entusiasmo, que já comentamos aqui.

Pense em pessoas entusiasmadas e influentes, e você vai perceber que dificilmente elas ficarão paradas vendo tudo acontecer para só depois reagirem, seguindo a direção da manada.

Bons líderes sabem os riscos e perigos de tomar a iniciativa e de lidar com situações novas e inesperadas, sem ter certeza do que virá pela frente. No entanto, eles também sabem que precisam abrir caminho para que seus grupos os sigam.

Estamos direcionando essas competências para o papel do líder dentro de uma empresa, mas logicamente a iniciativa pode e deve fazer parte das características de qualquer colaborador da sua equipe.

A iniciativa não é exclusividade do líder.

Cada membro do grupo, dentro de suas responsabilidades e das regras estabelecidas, deve criar o hábito de propor uma solução, de ser o primeiro a fazer e de não precisar esperar alguém pedir.

Equipes produtivas têm a iniciativa como um comportamento recorrente e natural. E quando essa competência vem do líder, isso ganha um

LIDERANÇA PRODUTIVA

significado ainda maior. Um líder com iniciativa mostra comando, lidera pelo exemplo, toma a dianteira e se coloca como guia do seu grupo.

O líder produtivo é causa, e não consequência!

Ele faz as coisas acontecerem e não fica apenas na defensiva.

Pensando nos três elementos da competência que você viu anteriormente, a iniciativa tem muito mais a ver com atitude do que com conhecimento ou habilidade.

Ninguém precisa de estudo ou de treino para ter iniciativa, basta vontade e atitude!

Você, enquanto líder, tem tomado a iniciativa das ações na sua empresa?

Você é aquele que puxa a fila ou costuma ser mais reativo aos acontecimentos, com uma postura mais passiva?

SABER VENDER

Quando você escuta a palavra "vender", qual imagem vem à sua cabeça?

Se você for como a maioria das pessoas, provavelmente você pensa em uma certa quantidade de dinheiro que é paga em troca de um produto ou serviço. Sim, você está certo.

Vendas é isso, mas não é só isso!

Já vimos que liderança é o meio de campo entre pessoas e resultados. Portanto, faz parte das atribuições do líder zelar pelos resultados do seu time e da companhia, e esse resultado muitas vezes virá por meio de vendas.

Se você é líder e trabalha para uma empresa que visa o lucro, você também tem um compromisso com esse lucro, independentemente da área da empresa em que você atua.

Um erro bastante comum das empresas e de alguns líderes é delegar a responsabilidade de vender apenas para o departamento de vendas.

Mas, Alexandre, não é o departamento de vendas que deve vender?

Eu respondo a você que, de modo direto, sim, a responsabilidade oficial de vender é do departamento de vendas. No entanto, de forma sistêmica, todos os departamentos e colaboradores são responsáveis pela venda.

Pense comigo: para conseguir vender, o vendedor precisa que os engenheiros que projetaram o produto tenham feito um bom trabalho, assim como o departamento de *marketing* e propaganda tenha divulgado o produto adequadamente para o mercado.

Além disso, para conseguir vender, o pessoal da logística também tem que colaborar com a chegada da matéria-prima e a entrega do produto final, assim como a produção precisa ter finalizado sua etapa com qualidade.

Temos ainda o pós-venda, com a equipe de suporte ou assistência técnica, a contabilidade, o departamento jurídico, o financeiro...

É por isso que, olhando a empresa de maneira sistêmica, todas as pessoas estão relacionadas, direta ou indiretamente, ao objetivo final da companhia.

Então, se você é o líder do departamento jurídico, por exemplo, você tem sim compromisso com os resultados das vendas. Logicamente, seu papel mais direto será cuidar dos resultados da sua área, mas sempre tendo ciência de que essa área faz parte de um todo.

Esse é o primeiro ponto.

O segundo ponto é que a competência de saber vender não se destina apenas a produtos e serviços.

Como líder, você deverá engajar sua equipe constantemente em torno dos objetivos em comum, para que todos trabalhem com comprometimento. **Em outras palavras, você vai ter que vender a sua ideia ao time.**

LIDERANÇA PRODUTIVA

E isso também é venda.

Quando vemos alguém trabalhando de forma empenhada e comprometida em um projeto, por exemplo, dizemos que aquela pessoa "comprou a ideia" do projeto.

Como líder, você está o tempo todo vendendo o seu ponto de vista e esperando que seu time "compre" de você.

Resumindo, o líder está sempre envolvido com vendas. Seja vendendo a sua ideia para o grupo ou, em um olhar mais sistêmico, entendendo a sua função como parte integrante de um processo maior que é a empresa.

A grande barreira para o desenvolvimento dessa competência é que ainda existe muito preconceito com relação a vendas. É comum escutarmos pessoas associando a venda com algo pejorativo, falta de ética e pilantragem, o que é um grande equívoco.

A venda só é errada quando se engana alguém, ou quando tentam vender algo que a pessoa não quer ou não precisa. Tirando esses casos, a venda é sempre um acordo positivo respeitando a vontade de duas ou mais partes.

Além do mais, todos nós somos vendedores.

Quando você trabalha para uma empresa, você está vendendo o seu tempo e sua mão de obra em troca de dinheiro. Do outro lado, a empresa está comprando o seu tempo e sua capacidade produtiva para alcançar seus objetivos organizacionais.

Isso é venda.

Na adolescência, quando você se arrumava com a melhor roupa para se encontrar com a garota ou o rapaz que tinha interesse, você fazia isso na expectativa de que essa pessoa comprasse a sua imagem, certo?

Isso também é venda.

De uma forma ou de outra, todos nós estamos sempre comprando e vendendo. E saber vender é uma competência que o líder produtivo precisa ter.

Diferentemente da iniciativa, em que temos basicamente o aspecto da atitude envolvida, a competência de saber vender engloba também estudos (conhecimento) e muita prática (habilidade).

Com isso, proponho uma reflexão: qual a sua capacidade de vender suas ideias para a equipe?

De que forma você contribui, direta e indiretamente, para o resultado em vendas da empresa em que trabalha?

DELEGAR

Essa é mais uma ferramenta essencial dentro do arsenal de competências de um líder produtivo.

Você já viu que um dos principais erros do líder é se envolver demasiadamente em questões operacionais. Essa é uma prática que acontece com frequência e impede o líder de desenvolver todo o seu potencial e o da sua equipe.

No papel de gestor e líder de um time, você naturalmente terá uma enorme responsabilidade e uma alta demanda de trabalho. Por isso, acumular funções que poderiam ser compartilhadas com sua equipe só fará você ter menos tempo e energia para focar no que realmente importa.

Delegar responsabilidades e tarefas a outros membros é fundamental para que um líder exerça integralmente suas funções dentro de uma empresa, como desenvolver o potencial dos colaboradores, manter a produtividade da equipe e pensar estrategicamente.

Entenda que você não dará conta de tudo sozinho!

LIDERANÇA PRODUTIVA

Quanto antes você aceitar esse fato, mais fácil se tornará o seu trabalho de delegar as tarefas e deixar o trabalho fluir de maneira muito mais natural.

Ao concentrar em você todas as atividades e querer estar com os olhos em todos os lugares ao mesmo tempo, você se desgastará de forma desnecessária, e essa conduta ainda passará uma mensagem negativa à sua equipe.

Quando o líder exige que nenhuma decisão ou tarefa seja feita sem o seu consentimento ou acompanhamento de perto, isso mostra que ele não confia plenamente na sua equipe e nem na sua própria capacidade de conduzir um grupo comprometido e engajado.

Se a base da liderança produtiva é conseguir resultados relevantes por meio do grupo e de maneira otimizada, inteligente e fluida, acumular tarefas e reter informações vão na contramão do que um líder produtivo deve buscar.

Ao compartilhar as tarefas com a sua equipe, você oferece aos colaboradores autonomia e espaço para executá-las.

Dessa forma, você demonstra que confia no seu time, estimula o comprometimento, promove o desenvolvimento individual de cada colaborador e, principalmente, passa a ter tempo para focar em maneiras de tornar a equipe cada vez mais engajada, feliz e produtiva.

Sair do operacional e focar mais na parte estratégica vai fazer com que você ganhe tempo para, efetivamente, ser líder.

Essa dificuldade que muitos líderes têm em delegar tarefas acontece devido ao receio de que o serviço não saia com qualidade ou não seja feito dentro do prazo. Mas se isso acontecer, você irá direcionar a sua atenção ao que for necessário, para que haja uma melhora no desempenho.

Simples assim.

Entenda que o fato de delegar tarefas e dar espaço para seu time cumpri-las não significa que você não irá acompanhar o resultado ou intervir quando necessário.

E qual a maneira correta de delegar tarefas?

Primeiramente, saiba que não adianta você simplesmente passar de qualquer jeito para outra pessoa uma tarefa que antes você fazia. É preciso que você oriente de forma adequada o que deve ser feito, e qual o resultado que se espera daquela atividade que você está delegando.

Outro ponto importante é que a pessoa não precisa saber apenas o que deve ser feito, mas também o porquê que aquilo deve ser feito.

Quando você explica o impacto que aquela tarefa terá no objetivo final ou no desempenho do restante da equipe, é muito mais fácil motivar o colaborador a realizar a tarefa, pois agora ele entende o impacto de sua ação e onde ela se encaixa no processo como um todo.

Quando alguém está fazendo um trabalho simplesmente por fazer, só porque o seu líder pediu, fica muito mais difícil extrair o máximo empenho dessa pessoa na execução da tarefa.

Após explicar o que se espera da tarefa e qual sua importância para o grupo e para os resultados de toda a companhia, você deve confiar e deixar que a equipe execute seu trabalho, garantindo o apoio, o tempo e o espaço necessário para isso.

No entanto, o trabalho do líder não termina aí.

Faz parte da função de liderança acompanhar o desempenho e os resultados daquelas tarefas que foram delegadas, além de adotar procedimentos de orientação e correção toda vez que o resultado estiver abaixo do esperado.

Por fim, vale ressaltar que o quanto o líder conseguirá delegar para seu grupo dependerá do grau de experiência e maturidade da equipe.

LIDERANÇA PRODUTIVA

Quanto mais experiente e madura for a equipe, mais autonomia ela poderá ter e mais o líder poderá delegar as tarefas nas mãos dos colaboradores.

Líder, como você avalia atualmente a sua competência de delegar tarefas?

Você confia e compartilha as funções com o seu time ou geralmente acumula muitas funções e sente medo em dividir responsabilidades?

GESTÃO DO TEMPO

Essa competência tem especial importância não só para os líderes, mas também para todos os funcionários da empresa e todas as pessoas de uma maneira geral.

A falta de tempo é a principal justificativa que as pessoas dão ao explicar por que ainda não fazem algo que gostariam ou deveriam fazer. Essa resposta é tão rotineira que muitas vezes é falada de forma automática, sem pensar: "Não tenho tempo!".

Pense por um momento em todas as coisas que você gostaria de fazer e não faz.

Pode ser uma atividade física, viajar mais, ficar mais tempo com a família, estudar um novo idioma, fazer um MBA, ou simplesmente ficar no sofá assistindo às suas séries favoritas.

Quantas vezes você disse para os outros e para si mesmo que não tem tempo de fazer essas atividades?

Reflita com sinceridade: será que realmente você não tem tempo?

Não estou duvidando de que o seu dia seja corrido e que você tenha muitas coisas para fazer. Eu sei disso.

Mas a questão é exatamente essa: você escolheu fazer algumas atividades, e ao fazê-las você fica sem tempo para outras. Na verdade, não se trata de falta de tempo, mas sim de prioridades.

Todos nós temos 24 horas todos os dias. No entanto, a forma como cada um de nós escolhe usar essas 24 horas é o que faz toda a diferença.

Para as mesmas tarefas que você diz não ter tempo para fazer existem várias pessoas fazendo. E sabe por que elas conseguem? Porque elas não fazem as outras tarefas que você faz.

No fim das contas, tudo é uma questão de como você preenche seu tempo.

Apesar de saber que essa é apenas uma nomenclatura para facilitar o entendimento, para ser sincero eu nem gosto do termo "administração do tempo" ou "gestão do tempo". Afinal, como você pode administrar ou gerenciar algo que não controla?

Ninguém consegue ter um dia com mais de 24 horas só porque tem muita atividade para fazer. Assim como não é possível você fazer o tempo passar mais devagar para aproveitar um pouco mais um momento bom, ou então fazer o tempo correr mais rápido para chegar logo o fim de semana.

De fato, nós não temos controle nenhum sobre o tempo.

Por isso mesmo, o correto não seria falar sobre "administrar o tempo", mas sim "administrar suas tarefas e prioridades" dentro do tempo que você tem. Mas usarei o termo "gestão do tempo" apenas para efeitos didáticos.

Entenda também que não é possível pensar em produtividade sem saber otimizar seu trabalho, priorizar tarefas e usar o tempo de maneira inteligente.

A liderança produtiva eficiente está diretamente atrelada à competência de Gestão do Tempo.

LIDERANÇA PRODUTIVA

Sua equipe só alcançará uma alta *performance* se você propiciar um ambiente produtivo, onde o sistema de gestão e os processos estabelecidos estejam todos convergindo para a geração de resultados de forma natural.

E isso só é possível com planejamento, foco e método.

Planejamento para estabelecer as metas, objetivos e diretrizes do funcionamento do grupo e do projeto.

Foco para identificar prioridades e alinhar o que deve ou não deve ser feito.

E método para definir as melhores práticas de trabalho, a fim de otimizar o tempo e trabalhar de forma inteligente.

Não se esqueça de que o tempo é um dos recursos mais valiosos que você tem.

Por isso, vale a pena refletir: de que maneira você tem cuidado do seu tempo?

Como está sua capacidade de gerenciar o seu tempo e o de sua equipe?

Você costuma fazer um planejamento e definir prioridades ou seu trabalho costuma ser na base da intuição e do improviso?

DESENVOLVIMENTO DE PESSOAS

Um gestor que se preocupa apenas com metas e números está falhando no seu papel de liderança.

Atingir bons resultados para a companhia é apenas parte do seu trabalho como líder. A outra parte, igualmente importante, é fazer com que sua equipe cresça junto com esses resultados.

Na verdade, os bons resultados devem ser consequência de uma equipe tão boa e produtiva a ponto de transformar a excelência em um *modus operandi*, e não apenas um golpe de sorte que ocorre só de vez em quando e aleatoriamente.

Não existe mais espaço para uma liderança que olha apenas os números, sem se importar com pessoas.

Está cada vez mais claro por meio das pesquisas que pessoas felizes produzem mais, melhor e ainda são mais eficientes. Também é consenso entre os estudiosos que tratar bem os colaboradores está diretamente relacionado aos lucros da empresa.

Ademais, pensar no bem-estar do próximo por si só já seria uma atitude louvável. Mas essa não é apenas uma questão de bondade e generosidade, já que tratar bem os seus funcionários e se preocupar com seu desenvolvimento também engordam o caixa da empresa.

Sabe aquela figura do chefe grosseiro e autoritário, que se preocupa só com o dinheiro?

Esse não é apenas um tipo de liderança desumana. É também um líder pouco inteligente, visto que baixar o comprometimento e o engajamento da equipe também é baixar sua produtividade e, consequentemente, seus resultados financeiros.

Por isso que, quando eu falo da competência de "desenvolver pessoas", eu estou me referindo a um sentido mais amplo, que vai além das questões técnicas da rotina de trabalho dos funcionários.

Sim, é preciso desenvolver as capacidades técnicas e intelectuais do colaborador, desafiando-o a atingir o seu máximo potencial, treiná-lo e prepará-lo para novas funções, propor novos desafios, envolvê-lo no projeto da empresa e aumentar suas habilidades profissionais.

Tudo isso é importante e deve ser feito e orquestrado pelo líder da equipe.

LIDERANÇA PRODUTIVA

Mas, acima de tudo, eu também gosto de pensar na ideia do líder que desenvolve bons cidadãos para o mundo.

Ser um bom líder, desenvolver bem as pessoas, é dar exemplo de conduta, fazer a pessoa se sentir importante, fazê-la acreditar que pode ser cada vez melhor, ajudá-la a encontrar seu propósito e transbordar tudo isso para além dos limites da empresa.

Um líder que se preocupa com o desenvolvimento da equipe de forma integral, ou seja, em todas as áreas das suas vidas, não está formando apenas ótimos colaboradores. Ele também está formando ótimos pais, mães, irmãos, amigos e cidadãos.

Todo mundo sai ganhando: o líder, a empresa, o funcionário, os familiares do funcionário e a sociedade.

Não sei se você já tinha parado para pensar nisso, mas a sua responsabilidade como líder vai muito além do ambiente profissional.

E você, líder? De que forma você tem promovido o desenvolvimento da sua equipe?

Quais ações e quanto tempo você destina para o crescimento profissional e pessoal das pessoas que fazem parte do seu time?

ORIENTAÇÃO PARA RESULTADOS

O papel do líder é ser a ponte entre pessoas e resultados. E eu sei que a esta altura do livro você já entendeu isso.

Mas é por isso que da mesma maneira que não faz sentido a liderança que só pensa nos números finais, também não faz sentido o líder que quer apenas agradar o seu time o tempo todo, sem se preocupar com o resultado obtido.

O líder não deve ter a pretensão de que sua equipe o ache legal. Não é esse o seu papel.

O que ele deve buscar da equipe é admiração, respeito, confiança e credibilidade. Essa, sim, deve ser a preocupação principal do líder.

Em alguns treinamentos que realizei dentro de empresas, eu pedi para as pessoas pensarem nos três melhores professores que já tiveram, os que mais as influenciaram na infância ou que foram importantes de alguma forma.

Além disso, eu também pedi para que elas anotassem as características que admiravam nesses professores.

E as respostas que elas geralmente traziam eram:

- "me motivavam a estudar";
- "acreditavam no meu potencial";
- "eram pacientes e atenciosos";
- "exigiam o meu máximo".

Eles nunca me responderam que os melhores professores eram aqueles que deixavam faltar às aulas, que davam provas fáceis ou que costumavam se ausentar e, por isso, eles podiam sair mais cedo da escola.

E sabe por que professores assim não são lembrados como os melhores?

Porque tudo isso parece muito gostoso na hora, naquele momento específico. Mas a médio e longo prazos, o resultado desse comportamento é terrível.

Uma professora que cobra e exige (do jeito certo) que o aluno estude é uma professora voltada para resultados.

Ela não está preocupada em ser a mais legal para aquelas crianças naquele momento, mas sim em ser a melhor influência possível na vida futura delas.

LIDERANÇA PRODUTIVA

Assim deve ser o líder dentro da empresa.

O líder deve ter um olhar humanizado, mas sem deixar de cobrar da sua equipe e sem negligenciar os resultados que se esperam dela.

Sim, haverá momentos em que você precisará de uma postura firme. Mas firmeza não é sinônimo de grosseria e má educação.

Sim, faz parte do seu papel cobrar o seu time. Mas cobrar não significa humilhar.

O líder produtivo entende que a sua equipe é como as velas do barco, e o resultado é o destino. Na condução do barco, você terá que ser exímio no trato e no manuseio das velas, mas sem perder de vista o destino para onde o barco deve ir.

Com isso, reflita: como têm sido os resultados da equipe que você lidera?

Esses resultados estão de acordo com os objetivos da empresa?

Quais ações simples você pode implementar para não perder o foco e aumentar os resultados do seu time já nas próximas semanas?

INTELIGÊNCIA EMOCIONAL

Provavelmente você conhece pessoas altamente capacitadas e estudiosas, mas que não sabem lidar muito bem com as adversidades, certo?

Pessoas que perdem a paciência com facilidade e são muito intempestivas.

Infelizmente, esse é um cenário comum nas empresas: líderes intelectualmente bem preparados, mas totalmente frágeis emocionalmente.

Saber lidar com situações difíceis, ser resiliente e pensar com discernimento mesmo quando uma situação sai do controle são qualidades essenciais de um bom líder.

Um indivíduo com alto grau de inteligência emocional não se destaca apenas no ambiente de trabalho, mas de forma geral, em todos os papéis que ele exerce na vida.

Quem entende e controla suas próprias emoções e sabe identificar, respeitar e trabalhar as emoções do outro tem muito mais chances de sucesso, seja em uma negociação, num processo seletivo, nos relacionamentos pessoais, na educação dos filhos ou na condução da equipe de trabalho.

Isso faz com que a inteligência emocional não seja apenas a base de uma liderança produtiva, mas também a base do sucesso em qualquer esfera da sua vida.

Pare um pouco para refletir e você vai perceber que o que não faltam hoje em dia são situações estressantes e desafiadoras, momentos em que nossas emoções ficam à flor da pele e onde a maioria das pessoas age por impulso, deixando a emoção se sobrepor à razão.

Por isso mesmo, a competência da inteligência emocional tem sido tão valorizada nos últimos anos, mais até do que a própria inteligência cognitiva.

Um dos profissionais que mais defendem essa ideia é o professor Daniel Goleman, Ph.D. de Harvard, considerado o pai da inteligência emocional. Segundo Goleman, o quociente emocional (QE) é mais poderoso que o quociente de inteligência (QI), e tem mais influência nos resultados do indivíduo como um todo.

Isso explica por que muitas vezes o mais inteligente e preparado de um grupo não é aquele que obtém os melhores resultados.

Eu mesmo já presenciei diversas vezes nas empresas um líder com currículo invejável, mas que perde completamente o controle diante de uma situação adversa e inesperada.

LIDERANÇA PRODUTIVA

Lembra quando vimos que, dos três elementos do CHA, a atitude é a mais poderosa e que mais conecta com as pessoas?

Ou seja, comportamento vale mais que conhecimento, na maioria das vezes.

E aqui vale o mesmo raciocínio: a inteligência emocional do líder vai ser posta à prova muitas vezes, e ela será fundamental nos resultados que ele conseguirá com sua equipe. Muito mais do que a inteligência racional e cognitiva.

Falar sobre gerenciamento de emoções é fazer uma viagem ao interior das pessoas. Inteligência emocional é um assunto amplo, e eu diria até mesmo desafiador.

Hoje é possível encontrar ótimos livros e cursos sobre o tema, e vale muito a pena que o líder invista e busque desenvolver essa competência. Isso irá torná-lo não apenas um líder melhor, mas também um ser humano melhor.

Porém, é importante ressaltar que ter inteligência emocional bem desenvolvida não significa nunca mais sentir raiva, medo, vergonha ou ficar nervoso.

O aparecimento das emoções muitas vezes é instantâneo e incontrolável. O que é controlável é a sua reação diante das suas emoções, e é isso que você deve buscar desenvolver.

De 0 a 10, o quanto você considera que tem de inteligência emocional para lidar com as situações difíceis do dia a dia?

Qual é a sua reação mais comum diante dos problemas que acontecem?

Qual a sua capacidade de controlar as próprias emoções e identificar as emoções que cada pessoa do seu time está sentindo?

PLANEJAR ESTRATEGICAMENTE

Imagine que você é o técnico de um time de futebol. Você está prestes a disputar um torneio que é muito importante para o clube, pois renderá muito dinheiro ao campeão.

Você disputaria esse torneio sem antes conhecer as regras da competição?

Você entraria em campo sem saber quem é o seu adversário e sem ter estudado como esse time joga?

Você participaria do torneio sem ter treinado seu time e ensaiado as jogadas com antecedência?

Planejar é se preparar com antecedência, estudando possíveis cenários e definindo estratégias para alcançar o resultado que se espera.

Abraham Lincoln, ex-presidente dos EUA, disse certa vez: "Dê-me seis horas para derrubar uma árvore e passarei as quatro primeiras afiando o machado".

A preparação é um ingrediente chave para o sucesso.

Quando você se planeja e planeja o seu departamento, você ganha uma maior assertividade nas suas ações, maior confiança da equipe, além de reduzir o tempo de execução das tarefas e o desperdício de recursos ocasionado pelo retrabalho.

Não existe produtividade sem planejamento!

Muitas vezes, o termo planejamento estratégico é usado para falar das diretrizes macro de uma organização, ou seja, as decisões que definem para onde a empresa está indo e que a impactarão como um todo.

Aqui, especificamente, estou me referindo ao planejamento que o líder faz referente aos resultados esperados da sua equipe e do seu departamento em particular.

LIDERANÇA PRODUTIVA

Esse planejamento será o ponto de partida para várias decisões que o líder tomará mais adiante, quando os processos estiverem sendo colocados em prática.

O planejamento tem o intuito de otimizar tempo e recursos, além de desenhar o caminho pelo qual a equipe chegará aos resultados.

Infelizmente, ainda tem líderes que pensam que planejar é perda de tempo.

Alguns ficam presos em atividades operacionais e abandonam o estratégico, enquanto outros simplesmente conduzem seu grupo conforme os problemas vão aparecendo. Esses líderes são conhecidos como "apagadores de incêndio".

Eu mesmo já presenciei diversas vezes um cenário em que praticamente todas as ações do time durante o dia de trabalho eram em cima de urgências e tarefas que apareciam na hora.

Nada era planejado.

O trabalho saía no improviso e o líder acreditava muito no seu *feeling*, tomando decisões importantes com base em achismos e de acordo com o que estava sentindo na hora.

Para esse tipo de líder, eu sinto dizer: somente motivação e boa vontade não são suficientes para desenvolver seus liderados e alcançar os resultados esperados pela empresa. Será preciso dedicar tempo e esforço ao planejamento estratégico para que você alcance resultados satisfatórios.

Por isso, vale fazer uma autorreflexão: de que modo você faz o planejamento da sua equipe e do seu departamento?

Quanto tempo você destina à preparação e estratégia?

COMUNICAÇÃO

"Não importa o que você diz, mas sim a forma como diz!" Você concorda com essa frase?

Eu não apenas concordo como vejo isso acontecer o tempo todo nos relacionamentos humanos, principalmente dentro de empresas.

Provavelmente você já passou pela situação de ter chateado um amigo com algo que disse, mas que você não teve essa intenção e foi mal interpretado. Ou então o inverso, de você ter se ofendido por algo que alguém falou, mas depois você percebeu que na verdade não passava de um mal-entendido.

Basta observar ao redor que você encontrará, todos os dias, inúmeras situações em que a falha na comunicação foi o grande estopim para uma briga ou desentendimento.

A comunicação dentro das organizações é algo tão crítico e ao mesmo tempo tão importante que merece um capítulo à parte, dedicado exclusivamente a esse tema. E é isso que você verá no próximo capítulo deste livro.

No entanto, eu preciso adiantar aqui sobre a importância dessa competência para todos os colaboradores, mas em especial ao líder.

Uma comunicação ruim baixa a produtividade da equipe, piora o clima organizacional, gera interpretações erradas e compromete o desempenho e os resultados obtidos pelo grupo.

E quando a má comunicação se junta a uma baixa inteligência emocional, isso gera uma combinação explosiva!

Falhas na comunicação são, em muitos casos, os principais motivos de divórcios, demissões, quebras de empresas, brigas entre sócios, falências, discussões e agressões.

LIDERANÇA PRODUTIVA

E quando analisamos a comunicação no contexto corporativo, não nos referimos apenas ao relacionamento entre os pares do mesmo setor ou do mesmo time. A comunicação deve ser eficiente também com as pessoas de outros departamentos, assim como fornecedores, clientes, distribuidores e prestadores de serviço.

Uma comunicação clara, eficiente e assertiva é um dos pilares principais da liderança produtiva. **Não existe boa liderança sem boa comunicação!**

Certamente esse é um grande desafio para a maioria dos gestores que comanda equipes e exerce cargos de liderança, principalmente quando temos pessoas de gerações diferentes no mesmo grupo e com experiências e expectativas tão distintas.

Mais à frente, aprofundaremos os aspectos relacionados a uma boa comunicação para a liderança produtiva. Mas, desde agora, que fique claro o impacto de uma boa e de uma má comunicação com a sua equipe nos resultados que serão obtidos.

Líder, de que forma você se comunica com sua equipe? É uma comunicação clara e objetiva ou há muitos problemas de relacionamento por conta de mal-entendidos?

TOMADA DE DECISÃO

Um bom líder pode tomar uma decisão errada, mas nunca errará por não tomar uma decisão.

E essa importante competência é colocada à prova quando o grupo está passando por dificuldades e grandes desafios, onde é preciso uma liderança para orientar e comandar o time.

Eu me lembro bem de uma situação profissional, muitos anos atrás, em que eu e outros colegas de trabalho estávamos montando e configurando equipamentos para um grande evento da área de tecnologia, que aconteceria em São Paulo.

Era o último dia de montagem, véspera da abertura do evento.

Nós ainda estávamos aguardando a chegada de alguns itens no estande para finalizar a montagem, quando recebemos a informação de que houve um problema com a entrega do material e haveria um atraso de quatro dias.

Ou seja, o material chegaria apenas no último dia de evento.

A empresa já havia feito toda a divulgação para seus clientes, tinha investido muito dinheiro na propaganda do evento, havia clientes e vendedores externos vindo dos quatro cantos do Brasil, todos já com suas credenciais... e nós da área técnica estávamos ali, perplexos e impotentes, sem poder concluir a montagem das máquinas.

Em meio ao desânimo e preocupação que todos estavam sentindo, nosso gestor reuniu a equipe técnica e, olhando nos olhos do grupo, disse em tom firme:

"Nós vamos finalizar a montagem dos equipamentos e o evento será um sucesso!". "Mas, chefe, e os materiais que faltam?", perguntou um colega meu.

"Eu vou dar um jeito nisso!", respondeu o gestor.

Cinco minutos depois, ele já estava com o diretor-geral ao telefone, solicitando autorização para retirar os itens faltantes dos equipamentos do *showroom*, que ficava na matriz.

Outra parte do que faltava foi solicitada a um dos nossos clientes, que ficava próximo de onde seria o evento, e foi combinado que ele ganharia o material que chegaria quatro dias depois, além de uma bonificação.

Mesmo tendo achado uma alternativa para conseguir os materiais, havia ainda um outro problema a ser resolvido: o tempo!

LIDERANÇA PRODUTIVA

Certamente haveria atraso e o cronograma já estava extremamente apertado.

Mesmo assim, o gestor nos reuniu novamente, explicou a situação e perguntou quem poderia chegar mais cedo no dia seguinte, data da abertura do evento.

Todos, sem exceção, toparam.

No dia seguinte, o gestor da equipe foi o primeiro a chegar, às cinco e meia da manhã. Quando a equipe chegou, o líder já estava lá ajudando na montagem, e o trabalho foi finalizado poucas horas antes da inauguração e início do evento.

Isso é liderar!

Essa atitude mostra claramente a importância da tomada de decisão em momentos delicados.

Além da tomada de decisão, outras competências podem ser notadas nesse episódio, como iniciativa e inteligência emocional, por exemplo.

Situações difíceis e inesperadas forjam um bom líder e exigem o uso de toda sua capacidade e habilidade de lidar com problemas.

Quando todas as coisas estão dentro da normalidade, o trabalho segue seu fluxo natural e os resultados acontecem sem grande esforço. Mas é na hora do aperto que identificamos a presença de um líder preparado e diferenciado.

"Mar calmo nunca fez bom marinheiro", já dizia o ditado popular.

Com isso, fica a reflexão: qual o seu comportamento diante de situações desafiadoras? Você assume a responsabilidade do líder e toma as decisões ou se omite?

Com qual frequência você se mostra no comando e disposto a orientar a equipe quando as coisas não saem conforme o esperado?

SENSO DE JUSTIÇA

Uma situação bastante comum dentro do ambiente corporativo é um colaborador se sentir injustiçado.

"Fulano é o preferido do chefe."

"Ninguém olha meus acertos, só os meus erros."

"Eu trabalho mais que todo mundo e os outros sempre são promovidos, mas eu nunca sou."

As frases acima são pensamentos recorrentes de boa parte dos funcionários dentro de uma empresa.

E ainda que tais pensamentos possam ser apenas uma visão distorcida e equivocada por parte do colaborador, também é possível que realmente haja motivos para a pessoa pensar assim.

Em ambos os casos, o líder precisa ficar atento.

As pessoas têm a tendência de lembrar facilmente dos seus direitos, mas esquecer dos seus deveres. Falar dos próprios acertos, mas esquecer das vezes em que erram.

Por isso, é possível sim que a sensação de injustiça seja uma percepção distorcida por parte do funcionário.

De qualquer maneira, mesmo nesse caso o líder precisa intervir, já que, por mais que a injustiça não seja algo real, o indivíduo vai se comportar pela maneira com a qual ele se sente, e não pelo que de fato acontece.

Em resumo, um colaborador que se sente injustiçado vai ter uma piora em seu desempenho e na sua produtividade.

A melhor forma de corrigir isso, essencialmente, é sendo transparente.

O líder deve ser franco com os seus liderados e sempre se certificar de que cada pessoa entenda os motivos das ações que são tomadas e qual o

LIDERANÇA PRODUTIVA

contexto envolvido em cada situação.

Quer um exemplo?

Se um membro do grupo simplesmente vir um colega participando de um treinamento concedido pela empresa no qual ele não está participando, isso pode dar margem para que ele pense que a empresa investe e confia no seu colega, mas não nele.

Mas se o líder explicar que o treinamento só foi liberado para um funcionário por vez e que haverá um rodízio entre eles, ou então deixar claro que aquele treinamento se refere a uma atividade que só alguns membros do grupo executam no dia a dia, fica mais fácil para a pessoa entender o motivo e não tirar conclusões precipitadas.

A outra situação que eu citei é quando realmente há motivos para alguém se sentir injustiçado.

Eu já vi isso acontecer diversas vezes dentro das empresas e acredite: na maioria das vezes, o líder nem percebe que está fazendo isso, pois não faz por mal.

Primeiro, vale dizer que é perfeitamente normal que você se identifique mais com uma pessoa do que com outra. Todos nós somos seres humanos e vamos nos conectar mais com um certo tipo de personalidade, geralmente com um perfil parecido com o nosso.

No entanto, o líder deve tomar cuidado para essa conexão natural não interferir ou prejudicar suas ações e decisões, de modo a favorecer uns em detrimento de outros.

O líder produtivo deve ser isento no seu julgamento e o mais transparente possível com sua equipe, para evitar insatisfações que possam comprometer o rendimento e a *performance* de trabalho de seus liderados.

Por isso, pergunte a si mesmo com honestidade: como você lida com as diferenças entre os membros da sua equipe?

Você exercita constantemente seu senso de justiça?

Todos do grupo têm as mesmas oportunidades ou há privilégios dentro do time?

AUTORRESPONSABILIDADE

"Tudo o que acontece na sua vida, seja bom ou ruim, é culpa sua!"

Li essa frase anos atrás, em um livro do escritor e palestrante Brian Tracy.

Confesso que achei a frase forte e não concordei com ela de imediato. Segundo Tracy, toda pessoa tem o emprego que quer, o salário que quer, o líder que quer e a vida que quer.

"Como assim todo mundo tem o emprego e o salário que quer? E a quantidade enorme de pessoas insatisfeitas com seus trabalhos e condições profissionais?" Era isso que eu ficava me perguntando.

Ao mergulhar de cabeça na área de desenvolvimento humano, entendi que Brian Tracy falava de autorresponsabilidade.

Se você não está satisfeito com uma situação, cabe a você mudar e fazer diferente até que fique do jeito que você quer.

Se você se diz insatisfeito com seu trabalho, mas não está fazendo nada para mudá-lo, então, de certo modo, você quer esse trabalho.

Se não está satisfeito com seu resultado, mas só reclama em vez de mudar, é porque você quer aquele resultado.

Isso se chama autorresponsabilidade. É isso que o livro queria dizer, e hoje faz total sentido para mim.

LIDERANÇA PRODUTIVA

Na verdade, hoje isso não apenas faz sentido como considero ser o ponto de partida de qualquer mudança. Você só muda quando assume a responsabilidade pelos seus próprios resultados.

Dizer que deseja algo é completamente diferente de fazer o que deve ser feito para que aquilo aconteça.

E quando você entende que tudo o que acontece vem das suas ações e decisões, sai do papel de vítima e assume o controle da própria vida.

Logicamente, é muito mais cômodo e confortável colocar a culpa em fatores externos e assim justificar os resultados ruins que acontecem em nossas vidas. Isso tira a responsabilidade das nossas costas, mas ao mesmo tempo nos torna meros espectadores de tudo que nos acontece.

Assumir a culpa por qualquer resultado que aconteça é uma enorme responsabilidade, mas ao mesmo tempo é algo libertador.

Você deixa de ser passageiro e passa a ser piloto do seu próprio destino.

Mas Alexandre, e quando a pessoa vem de uma família pobre, com poucas condições, e teve uma infância muito difícil?

É óbvio que isso interfere, mas não é o determinante.

Para explicar isso, gosto de usar uma frase do Tony Robbins, escritor e palestrante norte-americano e uma das maiores autoridades em desenvolvimento humano: "Saiba que são suas decisões, e não suas condições, que determinam o seu destino".

As condições podem facilitar ou dificultar o processo, mas o que determinará seus resultados são suas decisões.

Quando eu treino líderes dentro das empresas, eu logo percebo quem são os que fatalmente terão sucesso e quais aqueles que terão mais dificuldades.

Os líderes de sucesso falam: "Estou aqui porque quero e preciso desenvolver algumas competências. Durante algum tempo, elas não foram

ALEXANDRE GABOARDI

prioridades para mim e por isso não as desenvolvi, mas agora estou comprometido a fazer o que for preciso".

Enquanto isso, outros líderes se justificam colocando a culpa na empresa, nos funcionários, no governo, nos impostos, na falta de tempo, nos pais, na família... e por aí vai.

O líder produtivo é autorresponsável e assume que todos os resultados que dizem respeito à sua vida e seu departamento são de sua responsabilidade, sejam esses resultados bons ou ruins.

Por isso, pergunte a si mesmo: qual a sua capacidade de assumir para si total responsabilidade pelo que acontece em sua vida?

Com que frequência você justifica resultados ruins colocando a culpa em fatores externos?

CRIATIVIDADE

"Criatividade é a imaginação aplicada para resolver problemas!"

Essa é a definição de criatividade que eu mais gosto, pertencente a Murilo Gun, palestrante e professor de criatividade, grande estudioso do tema.

Segundo o relatório *The Future of Jobs* ("O Futuro dos Trabalhos"), de 2018, realizado pelo Fórum Econômico Mundial[1], a criatividade é uma das três competências mais importantes do profissional do futuro. Para ter uma ideia do crescimento da sua importância, em 2015 a criatividade ocupava apenas a 10ª posição.

Essa subida expressiva comprova o quanto as empresas estão valorizando as habilidades que antes eram vistas como subjetivas e secundárias.

---

[1] World Economic Forum. *The Future of Jobs*. 2018. Disponível em: <http://www3.weforum.org/docs/WEF_Future_of_Jobs_2018.pdf>. Acesso em: 11 de mai. de 2020.

LIDERANÇA PRODUTIVA

Cada vez mais, os comportamentos são valorizados, ao mesmo tempo em que o conhecimento formal, como currículo, formações e diplomas, deixa de ser visto como único requisito a se avaliar nos profissionais.

As empresas buscam, na verdade, resultados positivos para seus negócios.

E voltando à definição de Gun, a capacidade de resolver problemas naturalmente será pré-requisito para o profissional do futuro, principalmente em cargos de liderança. E é aí que entra a criatividade!

Infelizmente, muitas pessoas ainda veem a criatividade como uma competência exclusiva de artistas e profissões específicas, como escritores, roteiristas e *designers*. No mundo corporativo, para quem pensa assim, a criatividade ficaria restrita apenas ao departamento de propaganda e *marketing*, por exemplo.

Mas a verdade é que a criatividade faz parte de qualquer profissão, sendo uma competência desejável em todos os profissionais.

Quando você entende a criatividade como um jeito diferente de pensar, a fim de encontrar soluções práticas e inovadoras a partir de um novo olhar, ela passa a ser uma competência que se encaixa muito bem em qualquer área de atuação.

Um líder produtivo é também um líder criativo.

A criatividade será usada para encontrar meios e soluções de tornar a equipe cada vez mais produtiva, enquanto o grupo também se desenvolve constantemente.

Outro ponto que atrapalha o desenvolvimento dessa competência é a ideia compartilhada por muitos de que a criatividade é uma habilidade inata: ou você nasce criativo, ou não tem o que ser feito. No entanto, isso não passa de uma falsa crença.

Diversos estudos já apontaram que a criatividade pode ser aprendida, treinada e desenvolvida, assim como qualquer outra competência.

Aliás, todos nós somos criativos na essência. Você se lembra das histórias que imaginava quando você era criança?

Pense em quantos amigos imaginários, brincadeiras fantasiosas e histórias interessantes você criava de maneira inventiva.

Quando somos crianças, temos muito mais liberdade para sermos criativos. Mas conforme vamos envelhecendo, as convenções do mundo adulto limitam nossa criatividade e passamos apenas a repetir padrões e comportamentos que conhecemos.

Nós nascemos criativos, com o tempo desaprendemos a criatividade, e agora precisamos reaprendê-la.

Para tanto, é preciso que se esteja aberto a pensar de maneira não linear, fazendo conexões de informações, *insights* e experiências diversas, para que, ao juntar tudo isso, você tenha em mãos uma solução original para os problemas típicos do dia a dia.

Líder, o quanto você busca soluções criativas para os problemas do seu departamento?

Você costuma incentivar sua equipe a buscar soluções diferentes e originais para os desafios enfrentados pelo grupo?

EMPATIA

A empatia é outra competência fundamental de um bom líder, uma vez que está diretamente ligada a uma boa relação com seus liderados e à compreensão das necessidades da sua equipe.

Podemos, de maneira simples, entender a empatia como sendo a capacidade de se colocar no lugar do outro.

LIDERANÇA PRODUTIVA

Mas quando você tenta se colocar no lugar de outra pessoa, não basta simplesmente se imaginar numa situação pontual dela sob o seu ponto de vista. Você também precisa considerar o contexto e a experiência de vida dessa pessoa.

E por que digo isso?

Dentro das empresas, muitas vezes vejo um gestor falar para alguém da equipe: "No seu lugar, eu teria feito diferente. Eu teria falado desse jeito, ou feito isso dessa maneira".

Será que teria feito diferente mesmo?

Uma coisa é você, com seus conhecimentos, sua vivência e no seu contexto, se colocar na situação do outro. Outra coisa, completamente diferente, é você se colocar na situação do outro nas circunstâncias dele, com o conhecimento dele e com a visão de mundo dele.

Talvez, nesse caso, você perceba que agiria exatamente como a pessoa agiu.

Por isso mesmo é que ser empático não é tão simples quanto parece.

Você precisará de um desejo genuíno de entrar no mundo de outra pessoa para entendê-la, considerando as muitas variáveis que existiram na tomada de decisão dela.

Essa é uma competência que você desenvolve com muito treino e com a atitude de querer entender o outro sem julgamentos.

O líder que tem a capacidade de ser empático entende melhor as necessidades da sua equipe e consegue ser muito mais efetivo tanto nas suas tomadas de decisão como no planejamento de desenvolver cada membro do time e desenhar processos de trabalho.

Quando seu liderado percebe que você o entende e o respeita, é natural que aumente o comprometimento, o engajamento e a *performance* dessa pessoa.

Ela passa a confiar e admirar mais você e sua liderança, e dessa forma os bons resultados acontecerão de maneira muito mais natural e significante.

Líder, você costuma se esforçar para entender o ponto de vista dos seus liderados?

Quais os benefícios práticos que você teria com sua equipe se conseguisse ser empático na maior parte do tempo?

ATENÇÃO AOS DETALHES

Nem sempre as informações importantes que o líder precisa receber chegarão de forma clara e objetiva até ele.

Muitas vezes você, como líder, precisará estar atento aos pequenos movimentos diferentes que acontecem dentro da sua equipe. São alterações sutis, mas que podem indicar um enorme problema que está prestes a explodir.

Imagine um grupo de funcionários que começa a ficar insatisfeito com determinada situação no trabalho.

Qual a primeira coisa que geralmente essas pessoas fazem?

Você acha que elas imediatamente chamariam o gestor para conversar e explicar os motivos do descontentamento para encontrarem uma solução?

Certamente não!

Alguns até podem ter essa atitude, mas será a minoria. É muito mais provável que as pessoas comecem a se queixar para seus colegas de trabalho, até mesmo como forma de desabafo e de buscar apoio. Depois disso, surgirão as conversas de corredor e, quando se vê, boa parte do departamento já estará contaminado.

LIDERANÇA PRODUTIVA

E muitas vezes a causa disso tudo é uma insatisfação que o líder ainda não percebeu e não está ciente de que precisa intervir.

As pessoas estarão mais infelizes e a produtividade do time irá despencar, mas depois que o problema já cresceu é muito mais difícil conseguir controlá-lo. É preciso evitar o efeito bola de neve, e "matar o monstro" quando ele ainda é pequeno e inofensivo.

Outro exemplo é quando um liderado seu está passando por algum problema particular.

Nem sempre a pessoa se sente à vontade para conversar a respeito disso com seu líder, mas certamente aquele problema pessoal irá interferir no rendimento do funcionário.

O líder precisa ter a sensibilidade de identificar comportamentos fora do padrão da pessoa, para que ele então possa tomar a iniciativa de perguntar o que está acontecendo e de que forma pode ajudar.

Esse comportamento fora do padrão pode se manifestar de diversas formas: atrasos constantes, a pessoa se isolando dos colegas, um olhar distante, a pessoa trabalhando quieta demais, uma queda expressiva no rendimento, entre outras.

Volto a dizer: as informações não chegarão claras e completas até você. Muitas vezes elas virão fragmentadas, como se fossem pistas que você precisa juntar para desvendar o que realmente está acontecendo.

O líder precisa enxergar o invisível.

Essa é uma competência que exige sensibilidade e atenção, mas que ajudará muito você na boa condução da sua equipe.

Com isso, proponho uma reflexão: você consegue perceber os primeiros sinais de que algo não vai bem com seu time?

O que precisa mudar em você para conseguir identificar e resolver os problemas mais rapidamente, antes que eles cresçam e se espalhem?

**FERRAMENTA:
RODA DA LIDERANÇA**

Você acabou de ler sobre as 15 competências essenciais de um líder produtivo.

É claro que não existem só essas, e ainda há várias outras competências que podem compor o seu arsenal. Mas certamente as competências que acabei de apresentar serão a base para você conseguir resultados extraordinários por meio da equipe que você conduz.

Por isso, quero agora propor um exercício: que tal você se autoavaliar nas principais competências de um bom líder?

É um exercício que geralmente uso nos meus treinamentos, e que mostra ao líder de maneira fácil e visual como está seu desempenho em vários aspectos relacionados à liderança.

Na figura a seguir, você tem as 15 diferentes competências e habilidades, e para cada uma delas você irá pintar o número de casas correspondentes, de acordo com a sua nota, que vai de 0 a 10.

Ao final, você terá um gráfico mostrando de forma integrada o quanto cada uma dessas competências está desenvolvida em você.

A seguir, vou deixar uma explicação resumida de cada competência para ajudá-lo no preenchimento da ferramenta.

Preencha de forma honesta e sincera, e você terá um resultado muito valioso de como está sua liderança e do que você pode desenvolver e aprimorar para ser um líder produtivo e de sucesso.

LIDERANÇA PRODUTIVA

De a 0 a 10, avalie-se referente a:

- **Iniciativa:** capacidade de tomar a iniciativa e fazer as coisas acontecerem, não ficando apenas na defensiva.

- **Saber vender:** capacidade de vender a sua ideia ao seu time e fazer as pessoas seguirem-no; enxergar a sua responsabilidade e de sua equipe nas vendas da empresa, seja direta ou indiretamente.

- **Delegar:** capacidade de confiar na sua equipe e distribuir tarefas de forma inteligente, de modo a aumentar a responsabilidade de todos e liberar tempo para você realizar outras tarefas mais estratégicas.

- **Gestão do tempo:** saber definir quais as principais tarefas e por onde começar, de acordo com o que traz melhores resultados para o grupo e para a empresa.

- **Desenvolvimento de pessoas:** fazer seu time crescer e evoluir junto com os resultados da organização, tanto no aspecto pessoal quanto profissional.

- **Orientação para resultados:** não perder de vista os resultados esperados pela empresa e conseguir corrigir rotas para alcançar tais resultados.

- **Inteligência emocional:** capacidade de controlar suas próprias emoções e saber identificar, respeitar e trabalhar as emoções do outro mesmo quando tudo parece sair do controle.

- **Planejar estrategicamente:** capacidade do líder de planejar com antecedência e sabedoria as atividades necessárias para o alcance dos resultados esperados, otimizando tempo, recursos, e desenhando o caminho que a equipe deverá trilhar.

- **Comunicação:** capacidade de se comunicar de forma clara e direta com todos, e de deixar seus liderados a par dos seus desempenhos e possíveis ações de melhoria.

- **Tomada de decisão:** capacidade de não se omitir e tomar decisões mesmo em momentos difíceis e situações delicadas.

- **Senso de justiça:** capacidade de ser isento no seu julgamento e transparente com a sua equipe, evitando insatisfações que possam comprometer o rendimento e a *performance* de todo o seu time.

- **Autorresponsabilidade:** ser o piloto do próprio destino e assumir a culpa e a responsabilidade por qualquer coisa que aconteça, seja ela boa ou ruim.

- **Criatividade:** capacidade de encontrar soluções diferentes para os problemas, a partir da imaginação e do uso de recursos não convencionais.

- **Empatia:** capacidade de se colocar no lugar do outro, considerando sempre as circunstâncias, o conhecimento e a visão de mundo da outra pessoa.

- **Atenção aos detalhes:** capacidade de estar sempre atento aos detalhes e aos pequenos sinais, com sensibilidade para enxergar o invisível.

Após preencher, responda:

- O que mais chamou sua atenção ao olhar para o gráfico?
- No seu entendimento, para qual competência você precisa dar mais foco e desenvolver primeiro para melhorar os resultados do seu time e da empresa?

Roda da Liderança

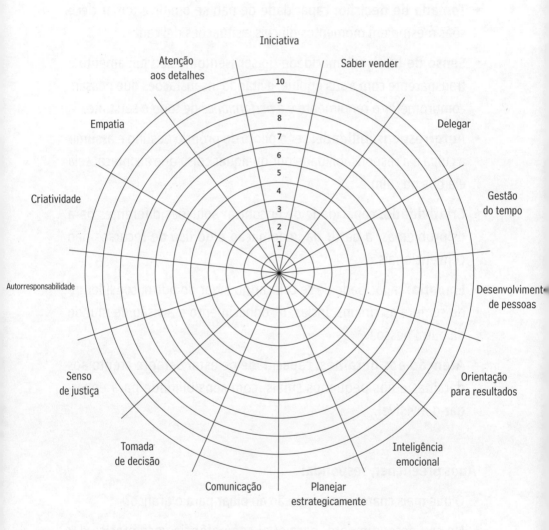

CAPÍTULO 5

Capítulo 5
COMUNICAÇÃO IMPORTA?

"Se você falar com um homem numa linguagem que ele compreende, isso entra na cabeça dele. Se você falar com ele em sua própria linguagem, você atinge seu coração."

Nelson Mandela

É impossível desassociar o sucesso de um indivíduo da sua capacidade de se comunicar bem.

Desde nossa infância, nos comunicamos com as pessoas a nossa volta e com o mundo externo das mais diversas maneiras: por palavras, gestos, olhares, códigos e sinais.

Nos dias de hoje, além das várias maneiras de se comunicar, abriu-se um leque gigantesco de canais onde essa comunicação ocorre, podendo ser presencialmente ou então à distância, por meio de celulares, *e-mail*, redes sociais e canais dos mais diversos.

Mas, afinal, o que é comunicação?

De modo simples, podemos defini-la como sendo a transmissão de informação entre duas ou mais pessoas.

LIDERANÇA PRODUTIVA

Em uma comunicação, temos sempre o papel do emissor (quem envia a informação) e do receptor (quem recebe a informação).

Quando um bebê chora por estar com fome, ele está se comunicando e passando uma informação à sua mãe. Só por esse exemplo, é possível você perceber que se comunica desde que nasceu e tem feito isso todos os dias da sua vida.

E a qualidade da sua comunicação definiu, em grande parte, os resultados que você obteve em sua vida até este exato momento.

Você só conseguiu ser admitido nas empresas onde trabalhou porque obteve êxito na comunicação durante o processo seletivo. Você se casou ou iniciou um namoro porque a comunicação com a outra pessoa foi agradável e eficiente.

A comunicação está presente em qualquer tipo de evento ou relacionamento, seja num encontro de amigos, nos planos de um casal, em uma reunião de negócios, nos acordos comerciais ou então em um *show* de entretenimento.

Neste capítulo, eu vou abordar a comunicação dentro do mundo corporativo, mais especificamente na relação do líder com sua equipe.

No entanto, para que você entenda a importância dessa competência dentro de uma empresa, se faz necessário perceber a presença da comunicação na sua vida como um todo.

A troca de informação dentro de uma organização ocorre todos os dias e a todo momento, seja entre membros de uma mesma equipe, na relação líder e liderado, na comunicação com outros departamentos e também na relação com clientes e fornecedores.

Portanto, não é difícil imaginar o tamanho do estrago que pode ser causado por uma comunicação ineficiente.

Você já brincou de telefone sem fio?

Nessa brincadeira, alguém diz uma frase em uma ponta e essa mensagem vai passando de pessoa para pessoa até chegar em outra ponta, geralmente de forma totalmente distorcida.

Em uma brincadeira, isso pode até ser divertido, mas no ambiente profissional é desastroso.

E isso infelizmente acontece todos os dias, em grande parte das empresas.

De acordo com o professor e escritor Peter Drucker, considerado o pai da administração moderna, as falhas e os ruídos de comunicação representam cerca de 60% dos problemas corporativos.

Quantas vezes você já presenciou discussões no ambiente de trabalho por causa da forma que alguém tratou outra pessoa?

Quantos erros não foram cometidos em pedidos de material, lançamentos de dados no sistema ou na execução de tarefas por conta de uma instrução confusa ou incompleta por parte de quem deveria orientar?

Quanto tempo perdido e quanto retrabalho isso não gerou?

Quantos inconvenientes já foram causados com clientes e parceiros de negócios por conta de uma palavra dita da forma errada ou na hora errada?

Quantos processos judiciais não foram gerados, além do desgaste emocional e da perda de dinheiro?

Agora você já consegue entender o porquê de a comunicação ser tão importante em um contexto de liderança produtiva, certo?

Existem ainda diversas pesquisas que relacionam a falha de comunicação com problemas e prejuízos causados nas organizações, entre os quais posso citar:

LIDERANÇA PRODUTIVA

- queda na produtividade da equipe;
- aumento no *turnover* (rotatividade dos funcionários);
- diminuição do engajamento e comprometimento dos funcionários;
- falha na execução de tarefas;
- aumento dos custos da empresa;
- aumento no desperdício de materiais;
- perda de tempo e retrabalho;
- diminuição das vendas;
- aumento das reclamações internas (colaboradores) e externas (clientes);
- redução do lucro da empresa;
- atritos e discussões no ambiente profissional;
- menor retorno financeiro aos acionistas;
- aumento de acidentes de trabalho;
- demissões.

Como você pode perceber, a má comunicação compromete tanto os resultados da empresa quanto a satisfação e qualidade de vida dos integrantes da equipe.

Ou seja, prejudica os dois lados (empresa e pessoas), dos quais o líder atua no centro, fazendo sua conexão.

A preocupação com a troca de informação eficiente deve ocorrer tanto na esfera macro da empresa, por meio da sua *Intranet* e seus comunicados, quanto no dia a dia de um departamento, dentro de um grupo de trabalho.

Faz parte do papel do líder cuidar desse segundo tipo, garantindo que toda comunicação ocorra de forma clara, objetiva e respeitosa, a fim de criar um ambiente de trabalho sadio e produtivo.

Todo bom líder é um bom comunicador.

Se a essência da liderança é engajar pessoas para agirem na direção de um objetivo em comum, não há como imaginar um time que esteja engajado sem uma comunicação feita de forma competente.

Lembro bem do caso de uma empresa onde um dos gestores passou instruções confusas e incompletas para uma funcionária a respeito de um pedido para um grande cliente, cujo contrato havia sido fechado recentemente após meses de negociação.

Por conta dessa falha, o cliente ficou com sua empresa desabastecida por uns dias, teve prejuízos financeiros e muitos transtornos, ameaçando cancelar o contrato recém-assinado.

Ao ter conhecimento sobre o problema, esse gestor ficou extremamente irritado e, gritando, destratou a funcionária na frente de seus colegas de trabalho.

Ou seja, sua má comunicação colocou em risco uma negociação comercial gigantesca que durou meses, e contemplava cerca de três milhões de reais. Além disso, ele estava prestes a desmantelar a equipe ao tornar o clima ainda mais tenso no departamento, inclusive com essa funcionária querendo pedir demissão.

O caso acabou chegando a um dos diretores, que conversou separadamente com todas as partes envolvidas.

Conversou com o cliente, onde explicou o ocorrido, resolveu o problema do pedido errado e salvou o contrato milionário.

Conversou com o gestor da equipe, mostrando onde ele havia errado

LIDERANÇA PRODUTIVA

e qual o impacto que isso causou, definindo ações para desenvolver e melhorar a liderança desse gestor.

E, por fim, conversou com a funcionária que foi destratada. Desculpou-se em nome da empresa, enfatizou sua importância para a companhia e conseguiu dissuadi-la de pedir demissão, além de ter melhorado o ambiente de trabalho no departamento.

Falhas de comunicação parecidas com esse exemplo acontecem aos montes, todos os dias.

E isso tem relação com outro ponto importantíssimo que você precisa entender e praticar na sua liderança: não basta transmitir uma mensagem, é fundamental se fazer compreendido.

O resultado de uma comunicação é sempre o que o receptor entendeu, independentemente do que o emissor tinha intenção de comunicar.

Pense, por exemplo, em uma mãe que pede ao filho para comprar laranja na feira, mas por algum motivo o filho entendeu que ela pediu limão. Qual será o resultado prático? Qual fruta será trazida para dentro de casa pelo filho? Com certeza será limão.

Ou então um rapaz que fala com sua namorada de uma forma que para ele é objetiva e sucinta, mas ela entende como grosseria. De que forma a moça reagirá? Como alguém que foi tratada de forma grosseira, certamente.

O mesmo acontece no mundo corporativo.

Já presenciei vários casos de ruído na comunicação onde, depois do ocorrido, o líder falava: "Ele me entendeu errado, não foi isso que eu quis dizer".

E geralmente é verdade, o líder pode até ter tido a intenção de dizer outra coisa, mas o liderado reagirá de acordo com a forma que ele interpretar a mensagem. E essa interpretação, mesmo que equivocada, pode interferir diretamente na produtividade e nos resultados da equipe.

Por isso a questão da comunicação não é tão simples.

O resultado do que você comunica com seu time é o que o seu time entende, e não necessariamente o que você quis dizer.

Além do mais, a interpretação de uma mensagem pode variar de pessoa para pessoa, dependendo de vários fatores:

- **maturidade e vivência do indivíduo;**
- **experiência de vida e as situações pelas quais a pessoa já passou;**
- **criação dos pais e influência das amizades;**
- **o humor da pessoa naquele dia;**
- **interesse do indivíduo naquele assunto;**
- **possíveis problemas pessoais que esteja enfrentando.**

Ou seja, pessoas diferentes interpretarão de formas distintas uma mesma informação.

Como fazer então para se comunicar de maneira eficiente com sua equipe, se cada pessoa entende a mensagem de um jeito, de acordo com seus próprios critérios?

A resposta para essa pergunta é: conhecendo muito bem o seu time e se comunicando da forma mais personalizada possível.

Se as pessoas são diferentes, não há por que acreditar que exista uma única forma de comunicação que seja eficaz para 100% dos indivíduos.

Um pai não se comunica com seu filho pequeno da mesma maneira que fala com sua esposa, correto?

LIDERANÇA PRODUTIVA

E eu também imagino que quando você está em uma festa junto dos seus melhores amigos você não usa o mesmo tipo de linguagem, palavras e gestos de quando está em uma reunião importante com seu chefe, certo?

São pessoas, situações e contextos diferentes.

E do mesmo jeito que você adéqua sua comunicação para cada caso, assim também deve fazer com seu time, usando um tipo de comunicação que surta o efeito desejado com cada liderado.

Já ouvi líderes fazendo queixas do tipo: "Não sei por que minha equipe é improdutiva e vive brigando, se eu trato todo mundo da mesma forma".

Talvez o problema seja exatamente esse: tratar todos da mesma forma.

As pessoas são diferentes, portanto responderão de maneiras diferentes a uma mesma mensagem e situação.

Entenda que seu papel como líder não é tratar todo mundo igual, mas sim tratar cada liderado da forma como ele responde melhor e gera mais resultados.

Algumas pessoas, por exemplo, trabalham melhor com uma cobrança e um acompanhamento mais de perto, enquanto outras precisam de espaço e não reagem bem sob pressão.

Para ajudá-lo nessa tarefa de saber qual tipo de comunicação usar com cada funcionário, vou mostrar, a partir de agora, alguns fatores que interferem no entendimento da mensagem e no desempenho de cada indivíduo.

ESTILOS DE COMUNICAÇÃO

A primeira variável que o líder deve considerar na hora de adequar sua comunicação a cada liderado é o nível de vivência e maturidade que cada colaborador tem, tanto na empresa quanto na função que exerce.

Quanto maior a experiência e maturidade do colaborador, mais o líder pode delegar tarefas e deixar que a pessoa ande com as próprias pernas. Quanto menor a experiência na empresa e na função, mais o líder tem que acompanhar de perto e orientar.

Para fins didáticos, vou separar esses estilos de comunicação em quatro diferentes níveis: diretivo, estimulador, compartilhador e "delegador".

DIRETIVO

Esse é o tipo de comunicação usado quando o colaborador está em início de carreira, aprendendo suas funções e se integrando aos colegas de trabalho e à empresa.

Como o próprio nome diz, esse é o estilo onde o líder dirige, orienta e mostra o caminho de como o trabalho deve ser feito, supervisionando de perto o seu liderado.

Quanto mais novo for o funcionário em idade e também na empresa e na sua função, maior a necessidade de uma comunicação mais diretiva.

Eu gosto de fazer a analogia desse nível com um bebê aprendendo a andar.

Nos primeiros passos da criança, os pais sempre precisam estar por perto ajudando e cuidando, já que a criança ainda não desenvolveu aquela habilidade e naturalmente haverá muitas quedas e tombos até que ela aprenda a andar.

É uma fase que exige maior atenção, dedicação e tempo, pois não podemos simplesmente deixar a criança sozinha quando ela ainda está dando seus primeiros passos.

A mesma coisa acontece com o liderado que está iniciando sua carreira.

ESTIMULADOR

Esse é o segundo nível do profissional dentro de uma organização.

O estilo de comunicação estimulador deve ser usado quando o gestor percebe que o funcionário já avançou no seu processo de integração com os colegas e está mais familiarizado com suas funções.

Aqui ainda é preciso acompanhar atentamente o liderado, mas ele já consegue se virar sozinho em algumas situações.

Por isso, o líder precisa de uma comunicação que o encoraje e estimule a continuar evoluindo, buscando novos desafios e explorando novos cenários.

Na nossa analogia, é como se a criança já conseguisse andar, mas ainda de forma insegura e caindo de vez em quando.

Nessa fase, os pais devem estimular e encorajar a criança a continuar praticando a nova habilidade de andar, tanto para treiná-la até ficar automático, quanto para que ela possa explorar novas possibilidades e ter contato com experiências antes desconhecidas.

Dentro do contexto de uma empresa, nessa fase o colaborador já ganha um pouco mais de autonomia, mas ainda requer orientações e apoio do seu líder.

COMPARTILHADOR

Esse próximo nível de comunicação é usado quando o líder entende que seu liderado já possui um grau de conhecimento técnico e da empresa que permite colaborar mais ativamente com ideias, além de poder compartilhar decisões que não sejam muito complexas.

Nessa fase, é comum o colaborador ser consultado com mais frequência pelo seu líder, além de o envolver em atividades conjuntas ou que exijam um grau maior de habilidade e experiência.

Na nossa analogia, essa é a fase em que a criança já aprendeu a andar com segurança, possui mais recursos próprios, maior capacidade para entender instruções, e pode agora começar a ajudar os pais em pequenas tarefas dentro de casa, já que andar e interpretar mensagens não é mais um problema.

"DELEGADOR"

Esse último nível de comunicação se dá quando o líder percebe que o funcionário está com a maioria das suas competências técnicas e comportamentais plenamente desenvolvidas, podendo assim atuar de maneira mais independente, sem tanta interferência e sem a necessidade de um acompanhamento de perto.

Aqui, o comprometimento e a confiança devem estar fortemente presentes, uma vez que o líder irá delegar responsabilidades maiores e dará mais autonomia para o indivíduo tomar decisões e realizar suas tarefas na plenitude de sua capacidade.

Nessa fase, em nossa analogia, a criança já deixou de ajudar apenas nas tarefas pequenas e entrou na adolescência, ajudando seus pais em mais tarefas e tendo maior poder de decisão e autonomia.

Perceba que cada um desses quatro níveis exige um tipo diferente de comunicação do gestor, de acordo com a experiência do profissional que está sendo liderado.

Esse é apenas um dos fatores que devem ser considerados, e está mais relacionado ao tempo de empresa e à vivência profissional. Mas há também um outro fator importante que se refere mais à habilidade de uma tarefa específica, e que apresentarei adiante.

LIDERANÇA PRODUTIVA

AS QUATRO FASES DO APRENDIZADO

Toda aquisição de uma nova habilidade passa obrigatoriamente por quatro estágios. E quanto mais avançado o estágio, maior a habilidade da pessoa em realizar determinada tarefa.

Uma pessoa pode estar em várias fases distintas de aprendizagem ao mesmo tempo, se considerarmos habilidades diferentes que esteja aprendendo ou que já tenha aprendido.

No entanto, para cada atividade isolada, a pessoa se encontrará em um dos quatro estágios existentes.

Vamos ver agora quais são estes estágios. Para facilitar o entendimento, usarei aqui o exemplo de uma pessoa que está aprendendo a falar um novo idioma, como o inglês.

INCOMPETÊNCIA INCONSCIENTE

Essa é a fase inicial na aquisição de qualquer habilidade, seja fazer um bolo, tocar um instrumento musical, dançar, consertar um equipamento eletrônico, dirigir, ou qualquer atividade dentro do contexto corporativo.

A característica principal dessa etapa é que o indivíduo desconhece a habilidade em questão, seja porque nunca ouvir falar ou porque simplesmente nunca precisou dela.

Aqui, nessa fase, a pessoa não sabe que ela não sabe.

A fase da incompetência inconsciente tem esse nome porque realizar tal tarefa nunca foi cogitada e não está nos planos do indivíduo. Talvez ele nem saiba de sua existência.

Pense em uma criança que nunca viajou para fora do país.

Ela nunca se comunicou em inglês com seus pais ou colegas, nunca precisou do inglês na escola ou no dia a dia e, portanto, nunca parou para pensar que precisaria aprender esse idioma.

Ou seja, a pessoa nem sabia que não sabia.

A partir do momento em que ela passa a se interessar pelo idioma, ou então precisar dele, temos então uma mudança do primeiro para o segundo estágio, ou seja, da incompetência inconsciente para a incompetência consciente.

INCOMPETÊNCIA CONSCIENTE

Nessa segunda fase do aprendizado, a pessoa ainda não possui a habilidade, mas já tem consciência de sua existência e importância.

Nessa etapa, o indivíduo sabe que ele não sabe.

A fase da incompetência consciente geralmente nasce de uma vontade ou necessidade do indivíduo em fazer e aprender algo novo.

No exemplo de aprender a falar um novo idioma, pode ter nascido uma vontade de o jovem aprender inglês para cantar suas músicas favoritas ou então assistir a filmes sem legendas. Ou também pode ter nascido a partir de uma necessidade, como da exigência do inglês numa prova de concurso ou no novo trabalho desse jovem.

Além da consciência sobre a existência da habilidade e a vontade de aprendê-la, essa fase também engloba a iniciativa de buscar esse aprendizado.

Por isso, independentemente de qual atividade estamos falando, nessa segunda fase também consideramos o ato de:

- **matricular-se em um curso;**
- **iniciar um treinamento;**

LIDERANÇA PRODUTIVA

- contratar um professor particular;
- pesquisar vídeos sobre o tema;
- iniciar uma leitura a respeito dessa habilidade.

Ou seja, a incompetência consciente engloba a descoberta de uma habilidade e os primeiros passos no sentido de adquiri-la.

Como característica dessa fase, podemos citar um número elevado de erros, já que a pessoa está aprendendo, além de uma grande quantidade de novas informações referentes a um assunto que ela há pouco desconhecia.

No entanto, esses contratempos são compensados pela motivação e entusiasmo da pessoa em adquirir a nova habilidade, seja porque ela quer ou porque precisa.

COMPETÊNCIA CONSCIENTE

Nessa terceira fase do aprendizado, o indivíduo já começa a ter resultados nessa habilidade, mas ainda há erros na sua execução e o processo não se tornou automático.

Nessa etapa, a pessoa sabe que ela sabe.

Ou seja, ela consegue executar a tarefa, mas precisa pensar muito durante a execução e alguns erros ainda são cometidos.

No nosso exemplo do idioma, é quando a pessoa já tem um bom vocabulário, sabe montar frases para se comunicar e consegue certo grau de compreensão ao ouvir uma pessoa nativa falando em inglês.

No entanto, seu domínio no idioma não é absoluto, fazendo com que ela cometa alguns erros, além de ficar traduzindo mentalmente as palavras para o português antes de processar a informação.

Nessa etapa, os primeiros resultados já começam a aparecer. No entanto, esses resultados ainda são modestos e a pessoa precisa de um grande esforço para consegui-los.

E é aqui que mora o perigo: a combinação de baixo resultado com muito esforço pode fazer a pessoa desistir no meio do processo, antes de chegar à quarta e última fase.

Quantas pessoas você conhece que estudaram inglês por um bom tempo, sabiam falar e conseguiam entender alguma coisa, mas acabaram abandonando os estudos e regrediram nessa habilidade?

Quantas pessoas abandonaram algum esporte ou atividades físicas quando estavam perto do resultado que tanto buscavam?

Quantas vezes, na sua própria vida, você iniciou algo que queria aprender, mas depois faltou consistência e disciplina, e acabou abandonando no meio do caminho?

Essa terceira fase é realmente traiçoeira, pois aqui já passou a empolgação inicial da fase anterior (incompetência consciente) e seus resultados demoram a aparecer, ao mesmo tempo em que você precisa de muito esforço para executar.

Infelizmente, a maioria das pessoas para por aqui.

Se elas soubessem que com um pouco mais de paciência e persistência chegariam à quarta fase, talvez não desistissem e seriam capazes de conquistar grandes êxitos.

COMPETÊNCIA INCONSCIENTE

Nessa quarta fase do aprendizado, a habilidade já entrou no piloto automático. Aqui os erros praticamente sumiram e a pessoa executa a tarefa de maneira completamente natural e fluida, sem um grande esforço.

LIDERANÇA PRODUTIVA

Nessa etapa, a pessoa não sabe que ela sabe.

Ela executa a habilidade de maneira tão automática que simplesmente faz, sem pensar muito em como tem que ser feito.

Para quem fala inglês fluentemente, isso é algo quase que tão natural como falar português. A pessoa simplesmente fala, sem ficar pensando na construção da frase e nem em regras gramaticais.

Para quem toca um instrumento musical há muito tempo, é a mesma coisa.

Ou então para quem sabe dirigir.

Se você dirige há algum tempo, você já deve ter percebido que não fica pensando muito nas leis de trânsito, em como trocar marchas ou então em estacionar seu carro, certo?

Você simplesmente executa.

A característica principal dessa etapa é que aqui os erros praticamente desaparecem, enquanto os resultados acontecem de maneira natural. Ou seja, se inverte o que tínhamos na fase anterior.

Na competência inconsciente, você tem muito resultado com pouco esforço.

E é aí que a mágica acontece!

Você, como líder produtivo, deve buscar o máximo possível a quarta fase, tanto para você quanto para sua equipe.

É claro que nem sempre isso é possível dentro do mundo corporativo, pois constantemente temos novos funcionários entrando na empresa e novas atividades surgindo.

Mas quanto mais elevada for a fase de aprendizagem em que você e seus liderados se encontram, maior será a produtividade e a fluidez do trabalho, aumentando assim a satisfação profissional e, também, os resultados da companhia.

Da mesma forma que ocorre nos estilos de comunicação, aqui também, nas fases do aprendizado, quanto mais iniciante for o nível do colaborador, mais tempo e atenção ele exigirá do líder.

E não se esqueça do objetivo principal de entender todas essas divisões e etapas: adequar e personalizar sua comunicação para cada um dos seus liderados, já que cada fase exige uma comunicação diferente.

Na figura abaixo, você tem um resumo das quatro fases do aprendizado.

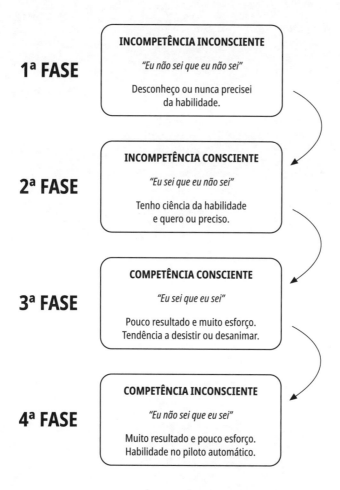

CAPÍTULO 6

Capítulo 6

PERFIS COMPORTAMENTAIS

"Todo mundo é um gênio. Mas se você julgar um peixe por sua capacidade de subir em árvores, ele passará a vida inteira acreditando ser um estúpido!"

Autor desconhecido

Quando falamos de comunicação eficaz e personalizada, um dos conceitos mais importantes que o líder precisa entender e aplicar são os perfis comportamentais.

Você já parou para pensar por que algumas pessoas têm facilidade com números, gráficos e tabelas, enquanto outras têm extrema dificuldade?

Por que algumas pessoas são festeiras, extrovertidas e comunicativas, enquanto outras são mais tímidas e reservadas?

Por que algumas pessoas são rápidas, diretas e objetivas, enquanto outras são mais pacientes, gostam de planejar e contextualizar as situações?

A verdade é que cada indivíduo é um ser único e as pessoas possuem características diferentes umas das outras. A esses conjuntos de características damos o nome de perfis comportamentais.

LIDERANÇA PRODUTIVA

Você pode entender o perfil comportamental como sendo a resposta emocional e comportamental de um indivíduo nas mais diversas situações.

Já percebeu que existem determinados tipos de pessoas e situações que aborrecem e outras que deixam você feliz? Assim como existem situações nas quais você se sente confortável e em outras não?

Pois essas situações não serão as mesmas para todas as pessoas. Algo que aborrece você pode me agradar, e vice-versa. Assim como uma situação desafiadora para mim pode ser confortável para você.

Para compreender melhor essas diferenças nas características das pessoas, podemos separar os indivíduos em quatro diferentes grupos, que são os perfis comportamentais.

Esses grupos foram propostos décadas atrás pelo psicólogo norte-americano William Moulton Marston.

Esse conceito é amplamente utilizado no mundo corporativo, principalmente em atividades como recrutamento e seleção, promoção interna, remanejamento de cargos e funções, além de treinamentos de desenvolvimento pessoal.

Isso porque o entendimento dos diferentes perfis aumenta a compreensão da pessoa em relação ao seu próprio comportamento e o dos outros.

Para ser um bom líder você precisa entender de pessoas.

E não há como ser um especialista em pessoas sem conhecer os diferentes perfis comportamentais existentes e como cada um deles atua nas mais diversas situações.

A identificação do perfil comportamental predominante de uma pessoa muitas vezes é percebida pelos próprios comportamentos dela, mas hoje existem diversos testes específicos de avaliação comportamental, também chamados de *assessments*.

Esses testes mapeiam o perfil comportamental do indivíduo com grande precisão, além de trazer informações importantes, como áreas de maior talento, como ele reage sob pressão, pontos de melhoria, motivadores naturais, entre outras.

Para um líder produtivo, o *assessment* servirá não apenas como forma de melhorar sua comunicação com a equipe, mas também como ferramenta de gestão, para ajudá-lo a colocar as pessoas certas nos lugares certos.

Isso significa mais resultados, em menos tempo e com menor esforço.

Ainda neste capítulo, eu vou apresentar a você quais são esses perfis e suas características. Mas antes eu preciso que você entenda algumas coisas muito importantes a respeito do perfil comportamental.

O primeiro ponto é que, diferentemente dos estilos de linguagem e das fases do aprendizado, que estão muito ligados à maturidade profissional e à experiência dentro da empresa e em determinada função, os perfis comportamentais não têm relação com a experiência do indivíduo.

Isso porque todas as pessoas, independentemente da idade, experiência, cargo ou condição social, podem se enquadrar em qualquer um dos perfis comportamentais.

O segundo ponto é que quando falamos sobre perfis comportamentais, não existe certo ou errado, nem perfil bom ou ruim. Todos possuem suas características próprias e seus pontos fortes e fracos.

O que existe é um perfil que pode ser mais adequado que outro para determinada função ou tarefa.

Dependendo do trabalho a ser feito, existem perfis que são mais compatíveis, onde a pessoa conseguirá executar as tarefas com mais naturalidade.

LIDERANÇA PRODUTIVA

Isso não significa que outros perfis não conseguirão êxito. Mas é provável que outra pessoa, nesse caso, despenda mais energia e não tenha tanto prazer na execução daquela tarefa.

Mas volto a frisar: não existe perfil bom ou ruim, mas sim o mais adequado ao que você pretende executar.

Como exemplo, pense por um instante nas características do piloto que você escolheria para pilotar o avião em que você viajará.

Você prefere alguém mais analítico e concentrado, que tenha facilidade em seguir regras e procedimentos, ou prefere uma pessoa mais festeira e comunicadora, que gosta de conversar com todo mundo, dar boas risadas e ser o centro das atenções?

E para ser o mestre de cerimônia de um evento importante, onde tenha que falar em público e interagir com a plateia, você prefere alguém mais extrovertido e comunicativo ou alguém tímido e retraído, que é genial com cálculos matemáticos?

Percebe como existem situações das mais diversas, onde cada uma delas combinará mais com um determinado perfil?

Por último, é importante destacar que todos nós, sem exceção, possuímos características dos quatro perfis comportamentais ao mesmo tempo.

O que acontece é que eles não estão distribuídos por igual, 25% para cada um.

Geralmente existe um perfil, ou até mesmo mais de um, que acaba sendo predominante e aparecendo com maior intensidade, enquanto outros aparecem de maneira mais fraca.

Na verdade, existem vários pormenores em que eu poderia aprofundar ao falar sobre os perfis comportamentais, mas esse não é o meu objetivo aqui no livro. Meu intuito é que você entenda as diferenças entre eles para que possa usá-los de maneira prática e efetiva nas suas tarefas e, principalmente, na comunicação com os seus liderados.

Então, vamos lá aprender quais são os quatro perfis comportamentais?

COMUNICADOR

Pessoas com esse perfil são mais extrovertidas, falantes e geralmente gostam de ser o centro das atenções.

É aquele tipo de pessoa que adora socializar e está sempre rodeada de amigos.

São, em sua maioria, pessoas populares, carismáticas e otimistas.

Os comunicadores falam em um tom de voz mais alto, são pessoas influentes, por vezes engraçadas, e que buscam o tempo todo por aprovação e conexão com os outros.

Fazem amizade com facilidade, gostam do contato físico, de contar histórias, de receber elogios e precisam a todo momento estar envolvidos com novas pessoas e situações.

Como todo perfil comportamental, existem alguns pontos de atenção que você deve considerar ao liderar quem tem o perfil comunicador como predominante.

Geralmente, os comunicadores são pessoas mais desorganizadas, se atrasam com facilidade devido à sua dificuldade para cumprir horários, se distraem facilmente e podem ainda deixar a desejar no alcance das metas, já que seu foco está mais na conexão com as pessoas, e não nos resultados propriamente ditos.

Você consegue se lembrar de algumas pessoas assim?

LIDERANÇA PRODUTIVA

Alguns dos seus liderados possuem essas características?

Líder, você precisa extrair o que esse perfil tem de melhor e evitar situações onde o rendimento dele certamente irá cair.

Comunicadores são muito bons para trabalhos em equipe, onde existe a necessidade de envolvimento, diálogo e entusiasmo. São ótimos também em reunir pessoas e interagir com outros departamentos da empresa.

Por outro lado, evite entregar a alguém desse perfil um trabalho mais técnico e analítico, que exija concentração e alto grau de foco. Qualquer tarefa que deixe o comunicador muito tempo sozinho vai incomodá-lo bastante.

E sempre fique atento para que ele cumpra os prazos e os acordos, pois os comunicadores têm a tendência a não seguir regras rígidas, confiando mais no seu bom papo e sua lábia para tirá-los de situações difíceis.

EXECUTOR

Pessoas com perfil executor são mais dominantes, diretas e objetivas.

Possuem espírito empreendedor, aceitam correr riscos, costumam ter uma postura firme e gostam de estar no comando.

São guiadas por resultados e detestam perder tempo.

Executores possuem um senso de urgência aguçado, são voltados para a ação e se viram bem com várias atividades para cumprir. São pessoas práticas e dinâmicas, tomam a iniciativa das ações e geralmente são bastante independentes.

Costumam falar rapidamente, são objetivos e enérgicos.

Como pontos de melhoria, estão alguns aspectos referentes ao trato com os outros. Como o executor é uma pessoa extremamente prática e seu foco está nos resultados, pode acabar passando a sensação de ser frio e indiferente com as pessoas.

Essa postura mais dominante muitas vezes causa medo nos outros, até mesmo por seu perfil mais propenso a responder por impulso, sem pensar muito.

Além disso, o executor também pode ter dificuldades em ouvir críticas e opiniões contrárias, reagindo eventualmente de forma impaciente, abrupta e intolerante.

E, então, você consegue se lembrar de pessoas que conheça que possuem esse perfil?

No mundo corporativo, esse perfil executor é bastante presente em cargos de gestão e liderança, por conta dos resultados elevados que geram, além do pulso firme e comando serem características mais naturais para esse perfil.

Por outro lado, você precisa ter cuidado para que essas características não apareçam em excesso, e acabe causando medo no grupo e perdendo o respeito e admiração da equipe.

Quando estamos falando dos seus liderados, o perfil executor será seu maior aliado nas tarefas que precisam de dinamismo, praticidade, ação e resultados rápidos. São aqueles funcionários popularmente chamados de "faca na caveira".

Isso é ótimo em muitos aspectos.

Como líder, o cuidado que você deve ter com pessoas desse perfil é que muitas vezes elas são como uma bomba-relógio, que podem explodir a qualquer momento.

É preciso controlar a impulsividade para que não gere conflitos e problemas de relacionamento. Evite, por exemplo, dar para o executor uma tarefa ou função que exija alto grau de diplomacia e trato com as pessoas.

LIDERANÇA PRODUTIVA

E quando for falar com algum executor, procure ser o mais direto e objetivo possível, pois essa é a forma de comunicação que ele mais entende e funciona melhor.

Nada de ficar dando voltas e contextualizando o tempo todo, ok?

PLANEJADOR

Esse perfil comportamental é o oposto do executor.

Pessoas com esse perfil geralmente são mais calmas, pacientes e tolerantes.

São consideradas boas ouvintes e geralmente são aquelas pessoas que todo mundo procura para conversar quando estão com algum problema.

Planejadores são pessoas empáticas, dispostas a ajudar e que sabem trabalhar bem em grupo.

Preocupam-se bastante com a opinião dos outros e gostam de ordem, rotina e previsibilidade.

As palavras que mais definem esse perfil são segurança e estabilidade.

Os planejadores costumam ser articulados, diplomáticos, falam muito bem e têm facilidade em planejar e conectar as partes de um todo, pois gostam de ver os projetos de forma sistêmica.

Esse é um perfil que tem mais facilidade em tarefas relacionadas à organização, planejamento e diplomacia. Por priorizar a estabilidade e segurança, esse perfil é avesso a riscos e não gosta de decisões e mudanças de última hora.

Como pontos de melhoria nesse perfil, podemos citar a dificuldade em lidar com mudanças imprevistas e de questionar ou confrontar uma ideia contrária, mesmo quando isso se faz necessário.

Como se preocupa muito em não magoar os outros, esse comportamento em excesso faz o planejador ter dificuldade em dizer não, além de com frequência apresentar resultados práticos abaixo do executor, pois sua atenção está mais centrada nas pessoas do que nos resultados.

Os planejadores costumam demorar um pouco mais para entrar em ação, pois só agem quando se sentem confortáveis e seguros com relação à tarefa.

Você conhece pessoas assim?

Dificilmente o líder terá atritos ou problemas de relacionamento com alguém desse perfil.

No entanto, é importante se atentar para que os resultados esperados pela companhia sejam alcançados no tempo certo.

Os planejadores funcionam muito bem quando colocados em trabalhos em grupo, tarefas que precisem de organização e planejamento, estruturas e processos bem definidos, além de rotinas que não costumam mudar a toda hora.

São muito bons também para trabalhos que exigem diplomacia, relacionamentos e uma boa oratória.

ANALISTA

Pessoas com perfil analista são extremamente detalhistas e precisas.

Costumam ser pessoas focadas e concentradas, gostam de números e possuem facilidade para entender e trabalhar com sistemas complexos.

A palavra de ordem desse perfil é qualidade.

São extremamente lógicas, racionais e possuem alto grau de exigência com elas próprias no que se refere à qualidade do trabalho.

LIDERANÇA PRODUTIVA

Detestam errar e conseguem perceber falhas em coisas mínimas, detalhes que outras pessoas geralmente deixam passar.

Os analistas são metódicos e seguem regras à risca. Trabalham muito bem com manuais, procedimentos técnicos, leis e regras internas da organização.

Dificilmente uma pessoa desse perfil se atrasa em seus compromissos, da mesma maneira que não gosta quando outros se atrasam, pois entende o descumprimento das regras e acordos firmados como falta de respeito e compromisso.

São pessoas mais caladas, reservadas e introspectivas, que preferem trabalhar sozinhas e em silêncio.

Ao contrário dos comunicadores, são avessas a muito barulho e aglomerações de pessoas.

Como pontos de atenção, o analista tende a ser crítico em excesso e ter uma postura mais inflexível, esquecendo o bom senso para usar as regras à risca o tempo todo.

São pessoas com tendência ao pessimismo e com maior dificuldade de entrosamento com colegas de trabalho.

Muitas vezes são vistas como chatas, principalmente por pessoas mais comunicadoras. Isso porque são detalhistas e rígidas com o cumprimento das regras, exatamente o ponto fraco do perfil comunicador.

Você consegue reconhecer esse perfil em algumas pessoas que conhece?

O líder precisa trabalhar com seus liderados de perfil analista de maneira cuidadosa e estratégica.

Pessoas com esse perfil não vão render bem quando expostas a ambientes com muita gente e falatórios.

No entanto, são as mais indicadas para os trabalhos que exigem análises, cálculos, entendimento de métricas, sistemas, números, gráficos e tabelas.

Os analistas são pessoas que precisam de espaço para trabalhar de forma mais independente, e delas você pode esperar sempre um trabalho de altíssima qualidade e precisão.

Repare que cada perfil possui pontos fortes e fracos.

Por isso, em vez de querer que todos os seus liderados façam todas as funções, é muito mais inteligente que o líder separe as funções da equipe de acordo com o perfil de cada colaborador.

Ao trabalhar em atividades compatíveis com seu perfil comportamental, cada pessoa renderá mais, trabalhará mais feliz e conseguirá melhores resultados com menor esforço, já que elas possuem naturalmente as características adequadas para aquela função.

Isso tornará a equipe muito mais produtiva, e eu sei que é isso que você busca ao ler este livro.

O mesmo vale para a comunicação. Cada perfil valoriza coisas distintas, com prioridades, características e interesses diferentes, o que faz com que o líder precise ajustar a sua fala e a sua mensagem ao perfil de quem está conversando com ele.

O bom líder não faz a equipe se ajustar ao seu jeito de se comunicar.

É ele quem se adapta e se comunica de forma personalizada com cada um, dependendo do perfil comportamental e do nível de experiência e maturidade dentro do grupo e da empresa.

Eu costumo comparar os quatro perfis comportamentais com idiomas. É como se fossem quatro idiomas diferentes, e você precisa conversar com seu liderado na língua dele, aquela que ele entende melhor e se sente mais confortável.

LIDERANÇA PRODUTIVA

Gosto sempre de lembrar que o foco deste livro é ajudá-lo a ser um ótimo líder produtivo para sua empresa e seu time, mas as coisas aprendidas aqui servem para qualquer área da sua vida, e não apenas ao trabalho.

Ao entender os perfis comportamentais, você conseguirá se conhecer melhor, além de melhorar sua comunicação com seu cônjuge, filhos, amigos e clientes.

VOCÊ SE PREOCUPA COM O FEEDBACK PARA SUA EQUIPE?

O *feedback* é um dos principais aliados do líder produtivo na condução de sua equipe para o atingimento das metas da organização.

Ele tem o intuito de orientar o funcionário quanto ao seu desempenho, mostrando a ele seus resultados positivos e os pontos de melhoria.

É uma ferramenta simples e econômica, porém extremamente poderosa e que deve fazer parte não apenas da rotina do líder, mas também da cultura organizacional de toda empresa.

Você está estudando o *feedback* dentro de um capítulo dedicado à comunicação do líder com seus liderados, mas seus benefícios vão muito além disso. Ele também pode ser considerado uma ferramenta de gestão, de validação de processos ou de análise de métricas, tamanhas as vantagens que proporciona.

Uma empresa que possui o hábito de dar *feedback* regularmente aos seus funcionários costuma apresentar benefícios em diversos aspectos, entre eles:

- **maior comprometimento e engajamento dos colaboradores;**
- **aumento da produtividade;**
- **diminuição de ruídos e interferências na comunicação;**

- aumento da confiança na relação do líder com o liderado;
- redução do *turnover*;
- maior retenção dos talentos da empresa;
- diminuição de retrabalho;
- alinhamento das expectativas entre a empresa e os funcionários;
- maior entendimento sobre as atividades a serem realizadas.

Além disso, as empresas que costumam dar *feedbacks* conseguem um melhor direcionamento do trabalho.

Ao comunicar de forma clara aos funcionários quais metas devem ser alcançadas e como eles contribuem para esse resultado, o trabalho da equipe se torna muito mais fluido e natural, aumentando o engajamento do grupo e os resultados da organização.

No entanto, infelizmente muitos gestores ainda consideram o *feedback* uma perda de tempo, como se fosse um protocolo desnecessário e sem efeitos práticos.

Isso geralmente acontece porque o líder desconhece todos os benefícios dessa ferramenta ou, então, em alguns casos, é uma forma de fuga para não ter que conversar com o liderado de maneira clara e franca.

Pode parecer estranho ler isso, mas infelizmente acontece com frequência.

Eu mesmo já presenciei várias vezes um gestor em cargo de liderança se escondendo atrás de atividades meramente técnicas e operacionais, dizendo não ter tempo para reuniões de *feedback* com seus funcionários.

Só que o líder não imagina que essa atitude acaba sendo um grande tiro no pé.

LIDERANÇA PRODUTIVA

Em médio e longo prazos, a falta de *feedback* vai aos poucos minando a produtividade da equipe, diminuindo o comprometimento do grupo e criando até mesmo atritos no relacionamento com o líder, fazendo com que ele perca a confiança e o respeito da sua equipe.

Já aconteceu com você de ver um comportamento errado de alguém próximo e, em vez de alertar, preferiu fazer de conta que não viu para evitar ter uma conversa desagradável?

Quando isso acontece, geralmente esse mau comportamento volta a se repetir e com o tempo acaba se tornando insustentável, pois se acumulou e virou uma bola de neve.

O *feedback* possibilita que o líder corrija os problemas ainda no início, enquanto ainda não cresceram.

Às vezes, um desvio pequeno nos resultados ou nas ações da sua equipe pode dar a falsa impressão de que é algo com o qual você não precisa se preocupar. Mas esse pequeno desvio pontual se torna um imenso desvio no tempo acumulado, e o *feedback* é importantíssimo para fazer esses ajustes e correções de rota.

A figura abaixo mostra como um pequeno desvio pode se tornar um resultado muito longe do esperado caso não seja corrigido no início.

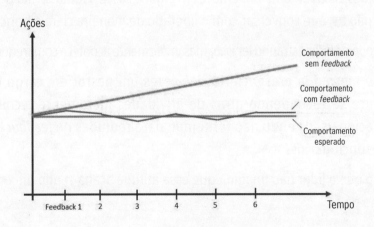

Você consegue perceber a diferença exponencial que o *feedback* tem no resultado da sua equipe?

Ele possibilita corrigir problemas de desempenho ou comportamento de um funcionário ao longo do caminho, impedindo que isso cresça e tenha um impacto negativo significativo para a empresa e o grupo.

Além disso, o *feedback* permite que o colaborador receba um direcionamento, sendo informado sobre a qualidade do seu próprio trabalho e alinhando as expectativas da empresa quanto às suas atividades.

O ideal é que o *feedback* seja aplicado uma vez por semana.

No entanto, a periodicidade pode variar dependendo do tipo de trabalho que o grupo realiza, da maturidade profissional da equipe e dos resultados obtidos nos últimos meses.

De qualquer maneira, não aconselho que você fique mais de 20 dias sem essa reunião de alinhamento com seus liderados.

Mas o líder precisa ficar atento: tão importante quanto saber a importância do *feedback*, é saber como dar esse *feedback*.

Esse retorno que você dá ao seu funcionário precisa ter o objetivo principal de mostrar onde ele está errando, como pode fazer para melhorar, além de incentivar e reconhecer seus acertos e boas condutas.

Quando a reunião de *feedback* se torna um palco para acusações, julgamentos, críticas ásperas e discussões, ele acaba tendo o efeito contrário ao que se espera.

Segundo uma pesquisa[1] da empresa ARCH Profile Solutions, especializada na criação de testes para recrutadores, quase metade dos funcionários (43%) relata que fica desmotivada ao receber uma

---

1 Arch Profile. *Hate your job? Maybe it's because you can't take criticism*, 2015. Disponível em: <http://blog.archprofile.com/archinsights/hate-your-job>. Acesso em: 20. de maio. de 2020.

crítica mal elaborada, ou até mesmo que perde totalmente a vontade de se esforçar.

Por isso é tão importante conduzir a reunião de *feedback* da maneira mais personalizada possível.

Para que isso aconteça, é fundamental adaptar sua comunicação a cada tipo de perfil comportamental que você aprendeu, conforme vai compreender em mais detalhes abaixo.

FEEDBACK PARA O PERFIL COMUNICADOR

Para uma pessoa desse perfil, você não pode chegar falando direto de números e resultados.

O comunicador gosta de atenção, é mais festeiro, sociável e precisa de interação e conexão com outras pessoas.

No *feedback* para comunicador, sempre inicie a conversa falando de amenidades, perguntando sobre a família dele, contando alguma história divertida e se conectando com ele.

Uma boa estratégia é chamá-lo para conversar em um ambiente mais informal, como por exemplo uma cafeteria. Por mais que você vá tratar com ele de assuntos sérios, é preciso primeiro preparar o ambiente para deixá-lo confortável e à vontade.

Durante o *feedback*, tanto para elogiar quanto para propor melhorias, fale sempre do quanto aquela tarefa é importante para toda a equipe e do reconhecimento que ele receberá por um trabalho bem-feito.

Os comunicadores adoram holofotes.

Por outro lado, tome cuidado para a conversa não se alongar demais e você perder o foco da reunião, pois pessoas com o perfil comunicador adoram conversar, não ligam muito para horários e se distraem com facilidade.

FEEDBACK PARA O PERFIL EXECUTOR

Executores adoram pessoas rápidas, diretas e objetivas.

Na reunião de *feedback* com alguém desse perfil, não perca muito tempo com introduções e contextualizações. Fale apenas o necessário no início e já direcione sua conversa para os resultados práticos de suas ações.

Sempre que estiver pontuando situações e propondo melhorias, deixe claro para o executor os resultados que essas ações trarão para a companhia.

Lembre-se que esse perfil é voltado para a ação e adora um desafio. Por isso, toda vez que você o desafiar, aguçando sua competitividade, o executor responderá muito bem e aumentará sua produtividade.

Ao conversar com um liderado do perfil executor, tome cuidado para não ser prolixo e alongar demais a conversa.

Outra coisa que não surtirá muito efeito com o perfil executor é ficar invocando sua importância para o grupo.

Afinal, lembre-se de que executores são pessoas dominantes, independentes e que priorizam resultados em vez de pessoas.

FEEDBACK PARA O PERFIL PLANEJADOR

Pessoas desse perfil valorizam a segurança e previsibilidade.

Ao dar *feedback* para um funcionário planejador, marque com antecedência a data e o horário da reunião, informando também em que sala ela ocorrerá.

Ele se sentirá mais seguro, pois não gosta de eventos marcados em cima da hora, onde não é possível se planejar.

Além disso, cuide para que o local, data e hora sejam mantidos e cumpridos.

LIDERANÇA PRODUTIVA

Os planejadores gostam das coisas bem explicadas, adoram contextualizar para garantir que o outro entenda a mensagem e se sentem mais seguros quando já sabem o que virá pela frente.

Portanto, não tenha pressa em fazer a reunião de *feedback* com um planejador e cuide para que logo no começo você mostre os tópicos e assuntos que serão abordados durante a conversa.

Quanto mais estruturado e organizado for o seu *feedback*, melhor o planejador entenderá a mensagem e mais efetiva será a comunicação. Se preferir, você pode preparar uma apresentação um pouco mais formal, com anotações e *slides* explicativos.

Mostre para o planejador o quanto o trabalho dele reflete positivamente em todo o grupo, e tome cuidado para não passar informações muito diretas, sem a devida explicação.

FEEDBACK PARA O PERFIL ANALISTA

Esse é o perfil comportamental mais desafiador para o líder dar *feedback*.

Como o analista é extremamente detalhista, perfeccionista e metódico, provavelmente ele irá para a reunião com respostas para todas as perguntas e munido de dados, relatórios e métricas.

Lembre-se de que esse perfil valoriza a qualidade do próprio trabalho e é extremamente crítico e exigente consigo mesmo.

Portanto, caso o resultado de seu trabalho tenha sido muito abaixo do esperado, isso pode indicar algum problema pessoal que esteja enfrentando, ou então algum outro fator que esteja atrapalhando suas atividades.

O líder deve tomar cuidado ao cobrar do funcionário que é analítico, pois é muito provável que ele possua *e-mails* ou outro tipo de registro que mostra que já havia alertado sobre determinada situação inadequada e os problemas futuros que isso poderia gerar.

Lembre-se também de que o perfil analítico é mestre em identificar riscos e falhas.

Por isso, o mais indicado ao dar *feedback* para esse perfil é apresentar quais resultados ficaram abaixo do esperado, sem julgar, acusar ou questionar. Somente apresentar.

E, depois disso, dizer ao seu liderado: "Para eu entender o que ocorreu, eu gostaria de ouvir de você a sua percepção sobre esses resultados, e quero também saber de que forma eu posso ajudar para que da próxima vez nossas metas sejam alcançadas".

Ao se posicionar dessa forma, você não faz a associação do resultado ruim à capacidade do seu funcionário, evitando assim uma argumentação muito bem fundamentada que o analista provavelmente faria.

Pelo contrário...

Ao agir assim, o líder se coloca na posição de parceiro e colaborador do seu liderado, buscando entender a situação e oferecendo formas para ajudá-lo.

Não se esqueça também de elogiar e enfatizar os bons trabalhos do seu funcionário de perfil analista, pois isso é o que ele mais valoriza.

SEJA ESPECÍFICO NA SUA COMUNICAÇÃO

Já aconteceu com você de falar alguma coisa para um amigo e essa pessoa entender algo completamente diferente do que você quis dizer?

Isso acontece porque sua mente tende a generalizar as informações, e é normal você acreditar que os outros pensam exatamente como você e estão acompanhando seu raciocínio, mesmo que isso não seja verdade.

LIDERANÇA PRODUTIVA

É muito comum falarmos algo de forma genérica, acreditando que quem está ouvindo terá o mesmo entendimento daquilo que tínhamos intenção de falar.

Lembro de um caso que aconteceu quando eu trabalhava no suporte da área técnica de uma grande empresa multinacional.

Nosso estoque de peças de maior rotatividade ficava dentro da própria empresa, mas algumas outras peças de menor giro eram guardadas em um espaço externo.

Num certo dia, o gestor do departamento telefonou para a pessoa responsável por esse estoque externo pedindo para deixar uma peça separada, que no dia seguinte um motoqueiro passaria cedo para retirá-la e depois entregaria a peça ao técnico, para ele concluir o reparo de um equipamento.

No dia seguinte, às sete horas da manhã, lá estava o motoqueiro.

E adivinha o que aconteceu: a peça não estava separada e o motoqueiro foi embora de mãos vazias.

Ao saber o que tinha ocorrido, o gestor ligou para o responsável do estoque externo questionando por que a peça não estava pronta, se ele havia avisado que passariam cedo para retirá-la.

Para sua surpresa, ele recebeu como resposta que a peça seria separada naquela manhã, pois ele estava esperando o motoqueiro chegar entre 9h e 10h.

Ninguém havia falado em 7h. Tampouco em 9h ou 10h.

Simplesmente haviam falado que seria cedo, e cada pessoa interpretou o cedo à sua maneira.

Veja o que esse simples erro de comunicação causou:

- maior custo para a empresa, pois tiveram que contratar outro motoqueiro;
- o técnico ficou mais tempo ocioso, esperando pela peça;
- o cliente ficou com seu equipamento parado por mais tempo;
- atrito no ambiente de trabalho, pois ficaram discutindo de quem havia sido o erro.

Tudo isso teria sido evitado com uma simples mensagem de forma clara e objetiva: "O motoqueiro irá retirar a peça amanhã às 7h da manhã".

Simples assim.

Não interessa se você acha que sete horas é cedo ou tarde. Sete horas é um horário específico e claro, e essa simples especificidade evitaria todos esses desencontros.

Todo líder produtivo domina a arte de se comunicar de maneira específica.

Quando você se comunica de forma genérica, acreditando que vão entender o mesmo que está na sua cabeça, mas que não foi dito, você dá margem a interpretações diferentes.

E interpretações diferentes minam a produtividade, tanto a sua quanto da sua equipe.

Vamos fazer um teste rápido.

Se eu disser a você que tenho um cliente que é diretor-executivo de uma grande empresa e que ele possui um ótimo salário, qual quantia vem à sua mente?

R$ 20 mil por mês? R$ 50 mil? R$ 80 mil? R$ 150 mil?

LIDERANÇA PRODUTIVA

Não importa sua resposta, o fato é que certamente outras pessoas pensaram em salários diferentes do valor que você pensou, pois cada uma interpreta o "ótimo salário" de um jeito diferente.

Se algum amigo me perguntasse: "Alexandre, estou reformando meu apartamento. Você conhece algum pintor bom para me indicar?".

A resposta mais inteligente que eu poderia dar seria devolver a pergunta: "O que você considera um bom pintor?".

Se eu não trouxer especificidade à comunicação, corro o risco de indicar um pintor que tenha um trabalho de qualidade excepcional, mas o meu amigo queria apenas um pintor que fosse rápido e cobrasse barato.

E mesmo que ele dissesse de antemão que buscava isso, eu deveria perguntar: "O que você considera rápido e barato?".

Percebe a diferença?

Essa comunicação específica é fundamental dentro de um ambiente de trabalho.

A especificidade elimina o risco de uma interpretação errada, o que pode causar sérios problemas de relacionamento entre colegas, além de comprometer os resultados da equipe e da empresa.

Lembro de um outro caso, que dessa vez aconteceu comigo.

Entre outras atividades, uma das minhas funções na empresa onde trabalhava era elaborar o laudo técnico de equipamentos consertados, para que o cliente entregasse à seguradora.

Esse laudo demorava de três a quatro dias, após o técnico finalizar a ordem de serviço, e era feito por ordem de chegada.

Certa vez, o gestor do departamento entregou-me em mãos uma ordem de serviço e pediu para passar o laudo dessa OS na frente das outras, pois era prioridade. Isso ocorreu logo depois que eu retornei do almoço.

152

Eu coloquei a ordem de serviço em cima da pilha de papéis das outras ordens e me programei para fazer o laudo na manhã seguinte, pois ainda tinha algumas tarefas para finalizar.

No fim daquele mesmo dia, o gestor pediu o laudo, pois iria ter uma reunião com o cliente em questão, mas eu ainda não tinha feito.

Na cabeça do gestor, a prioridade que ele pediu significava entregar o laudo no mesmo dia. Mas, na minha cabeça, um laudo entregue no dia seguinte já era prioridade, considerando que o prazo normal era entre três e quatro dias.

Ou seja: dois entendimentos diferentes para um mesmo comando feito de forma genérica.

Esse problema não ocorreria nos dias de hoje, pois numa situação dessas eu perguntaria: "Para quando exatamente o senhor precisa do laudo pronto?".

Isso já seria suficiente para evitar o problema, mas na época eu não tinha essa clareza.

Uma comunicação clara e específica será sua grande aliada na condução de uma equipe engajada e produtiva, e você deve utilizá-la independentemente do perfil comportamental dos seus liderados.

Outra estratégia aliada à sua comunicação é se basear sempre em fatos e números.

A especificidade, além de servir para evitar interpretações diferentes nas comunicações genéricas, também deve ser usada quando você estiver conversando com seu liderado sobre desempenhos e comportamentos, principalmente se esses forem negativos.

Nossa mente geralmente recebe uma informação, processa essa informação, e depois tira uma conclusão a partir dessa análise.

LIDERANÇA PRODUTIVA

O grande problema disso é que geralmente essas conclusões se apresentam em forma de rótulos e adjetivos, e isso pode nos dar a impressão de que é algo definitivo ou que sempre ocorre, em vez de analisar aquela situação específica de forma isolada.

Vou dar um exemplo para ficar mais fácil de entender.

Se o líder disser para algum funcionário: "Você vive se atrasando e não respeita os horários!".

Essa fala, além de poder deixar o colaborador chateado, faz ele querer se defender e o cérebro dele irá lembrar de situações em que chegou no horário, para rebater a ideia de que "vive se atrasando e não respeita os horários".

Se em vez disso o líder disser "Fulano, dos 20 dias de trabalho do mês passado, você chegou com pelo menos 15 minutos de atraso em oito dias", esse tipo de fala não dá margem para questionamentos, exceto obviamente se os números não estiverem corretos.

Quando você argumenta com números e baseado em fatos, você tira a percepção da outra pessoa de que ela está sendo injustiçada e perseguida.

Já quando você generaliza ou a rotula com algum adjetivo, isso dá margem para que ela rebata e busque situações contrárias ao seu argumento.

Além disso, quando você lidera com base em fatos e não em julgamentos, é muito mais fácil a equipe respeitá-lo e admirá-lo, pois você passa uma ideia de justiça e sinceridade na sua comunicação.

Alguns exemplos para você treinar:

Em vez de falar: "Você é grosseiro com os clientes!".

Use: "Reparei que na sua última ligação você alterou o tom de voz com o cliente".

Em vez de falar: "Seu trabalho é de má qualidade!".

Use: "O resultado dessa atividade ficou 50% abaixo da meta que tínhamos estipulado".

Em vez de falar: "Seu relatório está sempre atrasado!".

Use: "Ainda não recebi o relatório que era para ontem".

Você consegue perceber a diferença entre os dois estilos de comunicação nas mensagens anteriores?

Parece simples, mas a maioria das pessoas generaliza sua comunicação mesmo sem perceber.

No entanto, com um pouco de treino e ficando mais atento às nossas palavras, aos poucos vamos nos acostumando a falar sempre de fatos, em vez de falar de pessoas.

E não basta o líder ser específico na sua própria comunicação. Você deve trabalhar para que a especificidade faça parte da comunicação de toda a sua equipe.

Muitas vezes, seus liderados também falarão com você de forma genérica, com informações incompletas e que darão margem a diferentes interpretações.

Quando isso acontece, você como líder deve questionar o que exatamente a pessoa quis dizer, para que a comunicação seja a mais clara e eficiente possível.

Certa vez, em um trabalho que realizei dentro de uma empresa, vi um funcionário reclamando informalmente com um colega que seu posto de trabalho era "horrível e impossível de se trabalhar".

LIDERANÇA PRODUTIVA

Logo imaginei uma longa lista de problemas graves e incorrigíveis.

Nesse momento, me aproximei dele e perguntei quais problemas exatamente eram horríveis e que tornavam seu posto impossível de se trabalhar.

Surpreendentemente, ele me respondeu que a cadeira era ruim e, por conta disso, ele sentia dor nas costas.

Perguntei, então: "Além da cadeira, o que mais incomoda você no seu posto de trabalho?".

E ele respondeu: "Mais nada, é só a cadeira mesmo!".

Em apenas cinco minutos, o problema foi resolvido e ele já estava trabalhando com uma cadeira mais ergonômica.

Por isso, quando um funcionário disser que o projeto não é bom, pergunte o que exatamente ele considera que não seja bom no projeto.

Quando alguém disser a você que as pessoas de outro departamento só atrapalham o trabalho dela, pergunte quem são essas pessoas e de que forma elas estão atrapalhando.

Eduque e estimule seus liderados para que sejam cada vez mais precisos nas informações e na comunicação. Isso evitará muitos desentendimentos e aumentará a produtividade da sua equipe.

VOCÊ CONHECE O PODER DAS PERGUNTAS?

Perguntas profundas e inteligentes exigem respostas igualmente profundas e inteligentes.

É por isso que, ao fazer uso de perguntas, além de tornar a comunicação dos seus liderados mais específica, você estimulará o desenvolvimento profissional e pessoal de cada um deles.

"Não são as respostas que movem o mundo, mas sim as perguntas."

A frase acima é atribuída a Albert Einstein.

Ao formular uma boa pergunta, você tira a pessoa do pensamento raso e automático, fazendo-a pensar e identificar novas possibilidades.

Vou novamente usar o exemplo de um funcionário que chega atrasado.

O líder diz: "Fulano, dos 20 dias de trabalho do mês passado, você chegou com pelo menos 15 minutos de atraso em oito dias. O que você fará de diferente para que esses atrasos parem de ocorrer?".

No exemplo acima, o líder usou uma comunicação específica, baseada em fatos e números, e ainda lançou uma pergunta para que a própria pessoa pensasse na solução de um erro que vem cometendo.

É uma abordagem muito mais eficiente do que se o líder dissesse: "Fulano, você está sempre atrasado. Não quero mais que isso se repita!".

Ao usar a pergunta como uma ferramenta de comunicação, você força a pessoa a encontrar seus próprios caminhos e se expressar de maneira mais completa e eficiente.

Lembra quando eu falei que a nossa mente tende a generalizar as coisas, buscando por uma resposta pronta, que seja mais cômoda e economize energia?

Acontece que você, como líder, não pode cair na armadilha de aceitar como verdade absoluta a primeira resposta que recebe dos seus liderados.

Por trás dessa primeira resposta, muito provavelmente estará escondido o verdadeiro motivo, que você só conseguirá acessar por meio dos bons questionamentos que fizer.

Uma fala bastante comum dentro das organizações é: "Nunca sou promovido, sempre os outros é que são reconhecidos. Deve ser perseguição!". Numa situação dessas, o líder pode perguntar:

LIDERANÇA PRODUTIVA

- "Quais eventos levam você a crer que está sendo perseguido pelo seu chefe?";

- "Que outros motivos podem existir para outras pessoas serem promovidas e você ainda não?";

- "O que você pode fazer para aumentar suas chances de promoção na próxima vez?".

Repare que perguntas como essas fazem a pessoa sair do papel de vítima e obrigam a pensar de modo mais elaborado e profundo, deixando de lado as respostas prontas e automáticas.

Além disso, dê preferência sempre para as perguntas abertas.

Perguntas abertas são aquelas que fazem a pessoa elaborar e discorrer sobre as suas respostas.

Já as perguntas fechadas permitem respostas curtas e rasas, como por exemplo "sim" e "não".

Veja alguns exemplos:

Pergunta fechada: "Você gostou do treinamento que a empresa ofereceu?".

Pergunta aberta: "Na sua opinião, quais os pontos positivos do treinamento de que você participou e de que forma poderá ajudar nas suas tarefas diárias?".

Pergunta fechada: "Você não atrasará mais as entregas dos seus relatórios?".

Pergunta aberta: "O que você pode fazer para garantir que os próximos relatórios sejam entregues dentro do prazo?".

Além de ajudar no desenvolvimento dos seus liderados, tanto pessoal quanto profissionalmente, as perguntas feitas de maneira correta aumentam o comprometimento de cada membro da equipe, já que as soluções serão dadas por eles mesmos.

Quando você simplesmente manda alguém fazer algo, a pessoa geralmente cumpre só porque existe uma relação hierárquica de chefia.

Por outro lado, quando a ideia parte da própria pessoa, é muito mais fácil ela se engajar e se comprometer, até mesmo por uma questão de congruência, já que a ideia partiu dela mesma.

Portanto, o líder produtivo deve propiciar um ambiente favorável para que as soluções sejam dadas pelo grupo sempre que possível, em vez de simplesmente impor suas vontades a todo momento.

Mas atenção: isso só será possível quando o grupo demonstrar maturidade e experiência suficientes para compartilhar ideias de forma conjunta e participativa.

No entanto, não ocorrerá em 100% dos casos.

Em algumas situações, principalmente em momentos de indecisão, conflitos e dificuldades, o líder deverá tomar a dianteira e ditar as regras para o grupo, exercendo seu papel de comando, liderança e autoridade.

Por isso, nunca se esqueça: a qualidade da sua liderança está diretamente relacionada à sua capacidade de se comunicar bem.

E uma comunicação personalizada, clara e específica será fundamental para que você alcance resultados exponenciais em sua liderança produtiva.

Chegando ao final deste capítulo, em que você leu sobre a importância da comunicação para alcançar seus objetivos de uma liderança produtiva, proponho dois exercícios:

LIDERANÇA PRODUTIVA

1. Faça uma lista das pessoas da sua equipe, sejam seus colegas ou seus liderados, e escreva ao lado qual o perfil comportamental de maior destaque em cada um deles.

2. Depois disso, reflita de que maneira você pode adequar a sua comunicação a cada um, com o intuito de melhor reter a atenção e o engajamento de todos no trabalho.

CAPÍTULO 7

Capítulo 7

O QUE É PRODUTIVIDADE

"Produtividade nunca é um acidente. É sempre o resultado de um compromisso com a excelência, planejamento inteligente e esforço concentrado!"

Paul J. Meyer

O líder produtivo é o elo entre um grupo de pessoas e os resultados obtidos por esse grupo.

Como você viu de forma mais completa no primeiro capítulo deste livro, a liderança produtiva consiste em unir métodos, ferramentas e técnicas de produtividade com as funções do líder dentro de uma organização.

No entanto, para gerar bons resultados de forma recorrente, o foco desse líder deve estar em criar e manter um ambiente saudável e produtivo, onde o trabalho ocorra de maneira natural e com fluidez, economizando tempo e energia e otimizando as tarefas.

E é por isso que, para entender como funciona a liderança produtiva na prática, você precisa primeiro compreender o que exatamente significa ser produtivo.

LIDERANÇA PRODUTIVA

De fato, produtividade é uma palavra amplamente conhecida e utilizada no ambiente corporativo, mas sua definição e seu objetivo prático ainda geram dúvidas entre profissionais de todos os níveis hierárquicos.

Não é raro que as pessoas confundam produtividade com horas trabalhadas, por exemplo.

Eu mesmo já escutei de um executivo de uma grande empresa: "Alexandre, eu passo 14 horas por dia na empresa, faço hora extra todos os dias, fico de plantão em muitos finais de semana e quase não vejo minha família. E você ainda diz que eu preciso ser mais produtivo?".

Sim, isso mesmo!

É exatamente por ter virado escravo do trabalho e não ter tempo para sua vida pessoal que aquele executivo precisava urgentemente se tornar mais produtivo!

De maneira equivocada, muita gente associa produtividade com quantidade de trabalho. Na cabeça dessas pessoas, quanto mais horas elas trabalham, mais produtivas elas são.

Mas, definitivamente, produtividade não é isso!

Na verdade, eu gosto de explicar a produtividade como uma balança entre os resultados alcançados e os esforços necessários para chegar a esses resultados.

Quando você aumenta seus resultados despendendo o mesmo esforço, você está sendo mais produtivo. Assim como quando você mantém os mesmos resultados, mas com menor esforço, você também está sendo mais produtivo.

Mas o ideal é reunir as duas coisas: aumentar os resultados ao mesmo tempo em que diminui os esforços.

E quando eu falo em esforços, estou me referindo a todos os recursos que são empregados nas atividades dentro de uma organização, como tempo, dinheiro, energia e mão de obra, por exemplo.

Portanto, a liderança produtiva consiste em, por meio das pessoas, gerar os resultados almejados pela empresa em menos tempo e com menor esforço, gerenciando os recursos de forma inteligente.

E é fundamental que o líder entenda e pratique esse conceito!

Digo isso porque ainda vejo muitos executivos e gestores achando que a produtividade se mede pelo número de horas em que se fica dentro da empresa ou pela quantidade de papéis empilhados em cima da mesa do escritório.

Para essas pessoas, passar muito tempo no escritório ainda é sinônimo de comprometimento e dedicação. "Quanto mais trabalho se tem, mais comprometido se é", assim elas pensam.

Há líderes que sentem orgulho em falar que não possuem tempo para nada, que a vida está uma correria e eles mal têm tempo para respirar.

Já outros se sentem até mesmo constrangidos ao saírem do trabalho no horário certo, sem se estender ou fazer hora extra.

Essas pessoas fazem isso porque, culturalmente, criou-se a impressão de que o bom profissional precisa estar sempre ocupado.

Porém, ocupar-se é bem diferente de produzir.

Produzir é fazer ações otimizadas que gerem resultados importantes e aproximam você do seu objetivo, seja ele qual for. Ocupar-se é simplesmente estar fazendo uma ação qualquer.

Você consegue perceber a diferença?

É por isso que a produtividade não é um jogo de quantidade, mas sim de qualidade.

LIDERANÇA PRODUTIVA

Quando o líder entende que ser produtivo é atuar na balança entre resultados e esforços, ele passa a focar não necessariamente em fazer muitas coisas, mas sim em fazer as coisas certas.

Mas como falei anteriormente, ainda existe uma questão cultural muito forte no Brasil que valoriza de forma equivocada a quantidade de trabalho.

Eu mesmo já pude presenciar isso na prática quando trabalhei por muitos anos em uma empresa multinacional, cuja matriz é japonesa e que possui filiais em vários países.

Era comum precisarmos falar com outras unidades no exterior, e lembro bem que quando eu tentava entrar em contato com alguma filial uma hora após o encerramento do expediente delas, já não encontrávamos ninguém no trabalho, salvo raras exceções, e só tínhamos a resposta no dia seguinte.

Para nós, brasileiros, aquilo era estranho, pois estávamos acostumados a ficar duas, três ou até quatro horas a mais na empresa todos os dias. Isso já fazia parte da nossa rotina.

No entanto, nossos resultados não eram melhores que os daquelas outras unidades.

Para corroborar o que estou dizendo, saiba que existem várias pesquisas que relacionam uma jornada de trabalho mais curta com mais saúde, qualidade de vida e aumento da produtividade dos funcionários.

Sendo assim, também é de se imaginar que longas jornadas de trabalho ininterruptas aumentam o estresse, reduzem a concentração e a disposição física, e ainda diminuem consideravelmente a qualidade do trabalho executado.

Ser produtivo não é trabalhar muito, mas sim trabalhar certo!

Vários estudos mostram que a produtividade do trabalhador brasileiro é baixa.

Um desses estudos[1], da consultoria internacional The Conference Board, de 2019, apontou que a produtividade do trabalhador brasileiro equivale a 25% da produtividade de um trabalhador americano. Esse valor ainda piorou ao longo dos anos, já que em 1980, por exemplo, esse número era equivalente a 33%.

Logicamente esse índice não se deve apenas aos aspectos pessoais e comportamentais do trabalhador brasileiro.

Há outros fatores que contribuem para essa baixa produtividade, como problemas estruturais nas organizações, falta de treinamento adequado, má gestão, baixos incentivos financeiros e defasagem tecnológica.

No entanto, os números da pesquisa nos dão uma amostra do impacto que a baixa produtividade causa nos resultados organizacionais e o quanto isso é grave.

Na prática, é como se precisássemos de quatro brasileiros para produzir o mesmo que um norte-americano produz. Em outras palavras: o que o brasileiro produz em uma hora, o norte-americano faz em 15 minutos.

Nesse cenário, como uma empresa nacional conseguiria ser competitiva?

Como fazer frente a quem produz quatro vezes mais com os mesmos recursos?

Por isso é tão relevante que você entenda a importância e o impacto que a produtividade tem para as empresas, trazendo o assunto e a prática produtiva para o dia a dia da sua liderança e do seu modelo de gestão.

---

1 The Conference Board. *The Conference Board Productivity Brief 2019*. Disponível em: <https://www.conferenceboard.org/retrievefile.cfm?filename=TED_ProductivityBrief_20191.pdf&type=subsite>. Acesso em: 11 de jun. de 2020.

LIDERANÇA PRODUTIVA

E não se esqueça também de que essa competência precisa ser trabalhada nas duas pontas: tanto a produtividade do próprio líder quando da equipe que ele lidera.

LADRÕES DA PRODUTIVIDADE

Quando falamos sobre aumentar nossos resultados, otimizar os recursos disponíveis e fazer um bom uso do tempo, há vários elementos que roubam nossa produtividade e aos quais devemos ficar atentos.

Nas próximas páginas, vou apresentar a você nove ladrões da produtividade.

E já posso adiantar que talvez você se reconheça em todos eles, em maior ou menor grau. Todos nós já fomos assaltados por esses ladrões da produtividade em algum momento de nossas vidas. Isso é perfeitamente natural.

No entanto, o grande segredo das pessoas produtivas e que trabalham em alta *performance* é que elas conseguem identificar esses ladrões quando eles estão agindo e usam estratégias para enfrentá-los.

Dessa forma, elas conseguem diminuir o impacto negativo desses sabotadores na sua produtividade e, consequentemente, nos seus resultados profissionais.

Nos treinamentos que eu ministro sobre produtividade, vejo com frequência pessoas reclamando de falta de tempo para fazer as atividades que precisam ser feitas.

Mas o que muitos não percebem é que quando uma pessoa diz que o tempo é curto e insuficiente para realizar uma determinada tarefa, ela está colocando seu foco em algo que não consegue controlar: o tempo!

Afinal, você não conseguirá aumentar a quantidade de horas que tem por dia, certo?

Portanto, todo líder produtivo tem o foco na administração das tarefas e recursos dentro do tempo disponível. Isso sim é algo controlável e que você consegue (e deve) gerenciar.

Vamos então conhecer quais são os principais ladrões da produtividade?

NÃO PLANEJAR O DIA DE TRABALHO COM ANTECEDÊNCIA

Você, no papel de líder, possui muito mais atividades para fazer do que seriam possíveis em um único dia de trabalho, correto?

Com os seus liderados acontece a mesma coisa: eles também possuem diversas tarefas, desde as mais simples e irrelevantes até atividades mais importantes e complexas.

E um grande problema que mina sua produtividade é não definir com antecedência quais as tarefas que você deve fazer no dia. Na verdade, a maioria das pessoas começa o dia sem ter estipulado quais atividades precisam ser necessariamente realizadas e em qual ordem devem ser feitas.

Esse é um erro bastante comum, infelizmente. E você sabe qual é o resultado prático disso?

As urgências acabam controlando o dia da pessoa, e ela passa a fazer as tarefas conforme vão surgindo durante o expediente.

Como resultado, a pessoa que não planeja sua agenda acaba virando a agenda dos outros.

Pessoas assim estão sempre resolvendo problemas de última hora ou então alternando de tarefa em tarefa, sem terem certeza do que deve ser feito e perdendo muito tempo tendo que analisar e decidir o que fazer em cada momento.

Não é raro ver alguém perdendo mais tempo decidindo qual tarefa fazer do que propriamente fazendo a tarefa.

LIDERANÇA PRODUTIVA

Isso já aconteceu com você alguma vez?

Para evitar isso, é fundamental que você comece um dia de trabalho sabendo o que vai fazer, de forma planejada.

Dessa forma, você não fica perdido entre as atividades e não desperdiça tempo com indecisões.

Além disso, ao definir com antecedência quais tarefas você deve fazer no dia, você garante que fará as coisas que são realmente importantes. Quando você inicia um dia de trabalho sem saber o que vai fazer, a tendência é que a sua mente escolha as atividades mais simples e fáceis, para poupar sua energia.

No entanto, provavelmente as tarefas simples e fáceis não serão as mais importantes e nem as que trarão os melhores resultados para sua equipe e para a organização.

Ao ter definido com antecedência suas atividades, você não questiona a tarefa a ser feita. Você simplesmente a executa.

Meu conselho é que você planeje as tarefas semanalmente, tendo uma visão das atividades dos próximos cinco dias e se certificando de que as ações realmente relevantes estão colocadas na sua agenda, com dia e hora marcados.

Se isso não for possível, garanta que ao menos as tarefas do dia seguinte já estejam definidas.

É importante também que você deixe um espaço do dia reservado para imprevistos que podem acontecer, em vez de programar várias atividades com horários um na sequência do outro.

Lembre-se de que a produtividade não é um jogo de quantidade, mas sim de qualidade e resultados. Portanto, não se preocupe em fazer uma lista enorme de tarefas, em vez disso, tente focar nas atividades essenciais que trarão resultados consistentes.

E você ainda poderia me perguntar: "Alexandre, e quando houver um imprevisto muito grande e eu não conseguir cumprir as tarefas programadas para o dia?".

Sim, eu sei que situações assim são possíveis e isso eventualmente irá ocorrer.

Mas as exceções devem ser tratadas exatamente dessa forma, como exceções. Você não deve basear sua programação em cima delas. Em casos realmente excepcionais, você deve se adaptar à situação e reagendar o que for necessário.

Definir suas tarefas do dia com antecedência é uma prática que deve fazer parte da sua rotina como líder, e que você também deve estimular em cada um dos seus liderados.

NÃO SABER DIZER NÃO

Imagine a seguinte situação: você está fazendo alguma atividade do seu trabalho e de repente um amigo chega e pede um favor ou uma ajuda em algo que ele precisa fazer. Aí, você interrompe sua atividade para ajudá-lo.

Provavelmente isso já aconteceu várias vezes com você, certo?

E isso não é necessariamente errado, nós podemos e devemos ajudar outras pessoas que precisam. No entanto, você deve tomar cuidado para que isso não vire um hábito tão forte em que você simplesmente deixa de fazer suas tarefas para participar das tarefas dos outros.

No ambiente de trabalho, é muito comum um colega querer incluí-lo na tarefa dele. E não é que ele faça isso para prejudicar você, mas muitas vezes não há uma real necessidade de isso acontecer.

LIDERANÇA PRODUTIVA

Às vezes, a pessoa solicita algo simplesmente pelo hábito de querer sempre interagir e pedir ajuda, mas é uma tarefa que a pessoa conseguiria tranquilamente fazer sozinha.

Outras vezes, também pode acontecer de a pessoa precisar mesmo do seu auxílio, mas isso não significa que você precisa, obrigatoriamente, parar o que está fazendo para ajudá-la naquele momento.

Saber dizer "não" é uma ferramenta simples e, ao mesmo tempo, extremamente poderosa para aumentar sua produtividade.

Mas, apesar de simples, não é necessariamente fácil.

Muita gente tem enorme dificuldade de falar "não" para os outros, por não querer magoar ou chatear a outra pessoa. No entanto, você precisa entender que toda vez que você fala "sim" para alguém, você está falando "não" para si mesmo.

Esse é um tempo em que você poderia estar fazendo algo para si, de acordo com as suas tarefas e seus objetivos, mas que você simplesmente abriu mão por medo de parecer mal-educado.

Reflita de forma honesta com você mesmo: quantas vezes você aceitou convites para ir a lugares que não gostaria de ir simplesmente para não magoar quem convidou?

Ou de quantos projetos já participou que não faziam nenhum sentido para você, mas ficou sem jeito de recusar?

Se isso acontece com frequência com você, saiba que a possibilidade de alguém se chatear tem muito mais a ver com a forma com a qual você diz o "não" do que com o "não" em si. Quando você entender que determinado convite ou pedido de ajuda vai atrapalhar ou não faz parte dos seus planos, não tenha medo de dizer "não" de uma forma educada e objetiva.

Ademais, existem diversas formas de você ajudar alguém sem necessariamente ter que interromper sua atividade e participar da tarefa de outra pessoa.

Você pode, por exemplo, dar sugestões de como a pessoa poderá encontrar a solução que precisa ou então oferecer sua ajuda em um outro momento, em que você esteja menos ocupado.

Quando você estiver fazendo algo importante e solicitarem o seu auxílio, você pode dizer: "Eu estou concentrado em uma tarefa importante e infelizmente não posso parar. Mas se você buscar na *Internet*, tenho certeza de que vai encontrar vários vídeos tutoriais explicando como se faz isso".

Ou então: "No momento, estou fazendo algo que não posso parar. Mas se você puder esperar até amanhã à tarde, por volta das 15 horas, eu estarei um pouco mais livre e posso me sentar com você para mostrar como faz".

Ao falar dessa forma, você não prejudica o andamento das suas tarefas e não compromete seus resultados, ao mesmo tempo em que não corre o risco de perder a amizade de ninguém. Na verdade, esse comportamento irá até reforçar o respeito e a admiração dos seus colegas e liderados, por conta da sua honestidade, sinceridade e posicionamento.

Todo líder produtivo sabe dizer "não" quando necessário!

Faça isso educadamente, mas de forma objetiva. Explique seus motivos de maneira sucinta, sem inventar histórias ou ficar se desculpando e justificando muito.

No começo, talvez você se sinta desconfortável em falar alguns "nãos" para as pessoas mais próximas. Mas com o tempo você perceberá o quanto isso é libertador e o quanto é capaz de aumentar significativamente sua *performance* no trabalho.

EXCESSO DE TOMADAS DE DECISÃO

Vários estudos sobre produtividade recomendam que as tarefas mais complexas e as decisões mais importantes sejam feitas logo pela manhã.

Essa recomendação é por conta do que chamamos de fadiga da decisão.

Esse conceito sugere que todas as pessoas possuem um estoque diário limitado de decisões para serem tomadas. Conforme o dia vai passando e você vai tomando decisões, o seu poder de concentração e discernimento vai caindo, além de também cair a qualidade das suas decisões.

Mesmo as tarefas mais simples, como decidir qual roupa vestir ou o que almoçar, por exemplo, consomem os créditos desse limite diário de decisões que cada indivíduo possui.

Um estudo[2] realizado pelas universidades de Ben-Gurion (Israel) e de Stanford (Estados Unidos) analisou mais de 1.100 decisões judiciais de juízes israelenses, que no tribunal decidiriam por conceder ou não a liberdade condicional aos detentos.

Os presos que tiveram suas audiências realizadas por volta das nove da manhã tiveram cerca de 65% de êxito na liberdade condicional, enquanto nas decisões das audiências realizadas no fim da tarde esse percentual caiu para apenas 10%.

Segundo os pesquisadores, essa diferença se deu por conta da fadiga na hora da decisão. O cansaço leva as pessoas a optarem pelas decisões mais fáceis, o que nesse caso representava negar a liberdade condicional.

O mesmo acontece dentro das empresas.

---

2 DANZIGER, S.; LEVAV, J.; PESSO, L. *Extraneous factors in judicial decisions*. *PNAS - Proceedings of the National Academy of Sciences of the United States of America*. Disponível em: <https://www.pnas.org/content/108/17/6889>. Acesso em 10. de ago. de 2020.

As decisões feitas no fim do dia tendem a ser menos criteriosas e eficazes, assim como a sua produtividade naturalmente vai baixando ao longo do dia.

Por disso, o líder deve escolher de maneira estratégica quando fazer as tarefas mais importantes e que exigem maior grau de atenção e assertividade.

Em minhas consultorias nas empresas, eu recomendo aos líderes para sempre que possível deixar para o início da manhã as conversas mais difíceis com liderados, reuniões importantes com clientes e definições de planejamento estratégico.

Dessa forma, você garante que as tarefas mais relevantes ou com maior risco sejam executadas com a cabeça mais fresca e sem as interferências dos problemas que certamente surgirão durante o dia de trabalho.

Outro ponto importante para combater o excesso de decisões é não adiar as resoluções que você já pode definir, eliminando assim essa atividade da sua lista de pendências.

No dia a dia, é comum o líder postergar alguma conversa, tarefa ou reunião, seja para ganhar mais tempo ou então para manter-se temporariamente afastado das atividades desconfortáveis.

No entanto, essa prática faz com que as tarefas apenas se acumulem, pois cedo ou tarde o líder precisará lidar novamente com a decisão que foi adiada, tendo um retrabalho desnecessário que certamente irá comprometer sua produtividade.

Por isso, cuidado para não se tornar um líder que passa o dia inteiro decidindo sobre coisas banais e apagando incêndios do departamento.

Cuide para que suas tomadas de decisão sejam poucas, porém estratégicas, de modo a manter a alta *performance* do seu trabalho e também dos seus liderados.

LIDERANÇA PRODUTIVA

NÃO DEFINIR PRAZOS

Outro ladrão da produtividade muito comum é a falta de definição de prazos para as tarefas de trabalho.

Em uma situação que aconteceu comigo anos atrás, eu estava correndo contra o relógio para terminar um relatório que seria utilizado numa reunião que aconteceria horas depois.

Eu já poderia ter feito o relatório com antecedência, mas havia deixado para a última hora.

Nesse dia em que eu deveria entregar o relatório, o gestor me informou que a reunião havia sido adiada em uma semana. Ao receber a notícia, meu primeiro pensamento foi: "Ufa, ganhei mais sete dias. Agora poderei fazer o relatório com calma e em tempo hábil". Mas adivinha o que na verdade aconteceu depois disso?

Eu fiquei mais seis dias sem trabalhar no relatório e fui finalizá-lo uma semana depois, às pressas, horas antes da reunião que havia sido reagendada.

Esse exemplo que acabei de contar não foi um caso isolado.

Na época da minha pós-graduação, eu tinha um prazo de seis meses para montar o meu Trabalho de Conclusão de Curso. Nos primeiros quatro meses, eu não mexi em absolutamente nada referente a esse trabalho.

Já no quinto mês, comecei a fazer algumas pesquisas, mas ainda de forma tímida.

No sexto mês, acelerei o ritmo.

E, finalmente, na última semana antes do prazo limite, eu praticamente só fazia o TCC, o dia inteiro.

Já aconteceu algo semelhante com você, de deixar as tarefas para a última hora?

Pois saiba que isso é mais comum do que você imagina, e esse comportamento é explicado pela chamada Lei de Parkinson. Em 1955, o escritor e historiador Cyril Northcote Parkinson publicou um artigo dizendo o seguinte: "O trabalho se expande de modo a preencher o tempo disponível para a sua realização".

Na prática, isso significa que as pessoas vão se ajustar ao prazo, fazendo com que a tarefa seja executada muito perto da data limite para a entrega, seja ela qual for.

A comprovação da Lei de Parkinson é facilmente observada quando a maioria dos alunos estuda apenas na véspera da prova, quando as pessoas deixam para declarar o Imposto de Renda no último dia ou ao pagar as contas só na data do vencimento.

Agora pense comigo: se as tarefas tendem a ser feitas apenas perto do prazo final, o que acontecerá com as tarefas que não possuem prazo?

Acertou se você respondeu que elas não serão feitas!

No ambiente corporativo, é comum encontrarmos tarefas ou projetos importantes que simplesmente não possuem um prazo estipulado para serem cumpridos. São atividades que muitas vezes aumentariam os resultados de todo o grupo, mas como não têm prazo, elas acabam caindo na categoria do "qualquer dia eu faço".

Quando uma atividade não possui prazo, sua mente não identifica a real necessidade de fazê-la. É como se a tarefa ficasse solta, estando eternamente pendente.

E uma meta sem prazo é apenas um sonho distante, longe de ser concretizado.

Muitas vezes, esse prazo não é estipulado por um medo inconsciente de que algo saia errado e o prazo não seja cumprido. No entanto, se algum imprevisto acontecer no meio do caminho e você

LIDERANÇA PRODUTIVA

perceber que realmente será impossível cumprir aquela data, você pode alterar o prazo.

Simples assim.

Líder, você precisa estipular prazos para suas metas próprias e para as metas dos seus liderados.

Por último, quero chamar sua atenção para outro ponto importante.

Você já viu, por meio da Lei de Parkinson, que as tarefas individuais com prazo definido raramente ficam prontas com antecedência, pois as pessoas tendem a gerenciar suas atividades de modo a finalizá-las perto do prazo de entrega, certo?

Por isso mesmo, tenha cuidado para não estipular prazos muito longos sem necessidade, pois certamente a tarefa irá se estender além do necessário.

Logicamente, você precisa definir um prazo que permita a execução da tarefa com qualidade, tanto para si quanto para seus liderados. Mas, acima de tudo, confie na sua capacidade e na capacidade da sua equipe em realizar as atividades em prazos mais curtos, de forma objetiva, focada e otimizada.

Além de eliminar um importante ladrão da produtividade, isso faz parte da liderança produtiva!

INTERRUPÇÕES

Se houvesse um *ranking* para classificar quais ladrões da produtividade mais roubam seu tempo, certamente as interrupções seriam umas das primeiras da lista.

Esse assunto é tão sério que hoje até existe o que eu chamo de "ciência da interrupção", ou seja, pesquisas e estudos exclusivos sobre o tema, com a finalidade de mensurar os impactos na produtividade do trabalhador e buscar formas de minimizar os efeitos das interrupções.

Reflita por um momento e tente se lembrar de quantas vezes você já foi interrompido enquanto estava trabalhando. Ou mesmo enquanto estava lendo este livro.

Tenho certeza de que isso acontece com frequência, e é algo tão comum que às vezes você nem percebe, certo?

Essas interrupções acontecem de diversas formas e podem ser externas (quando algo ou alguém nos faz parar nossa atividade) ou internas (quando nós mesmos nos distraímos).

Veja aqui alguns tipos comuns de interrupções no ambiente de trabalho:

- **colegas de trabalho fazendo perguntas rápidas;**
- **telefone tocando;**
- **novos *e-mails* chegando;**
- **distrações de pensamentos durante o trabalho;**
- **colegas de trabalho comentando casos do cotidiano;**
- **várias abas abertas no seu navegador de *Internet*;**
- **notificações do celular;**
- **espiadinhas nas redes sociais.**

Você consegue se identificar nessas situações acima?

Para ter uma ideia do impacto das interrupções na produtividade, alguns estudos sugerem que o certo não seria falarmos sobre a jornada de trabalho em termos de horas, como por exemplo 44 horas semanais, ou então oito horas diárias.

LIDERANÇA PRODUTIVA

Na prática, o que mais se aproxima da realidade é analisarmos apenas os minutos realmente produtivos dentro de um dia inteiro de trabalho.

Gloria Mark, professora da Universidade da Califórnia, nos Estados Unidos, é especialista quando o assunto são os efeitos das interrupções de trabalho no ambiente corporativo.

Em uma de suas pesquisas [3], Mark mediu o tempo efetivo de trabalho de vários funcionários, descobrindo que o tempo médio que as pessoas passam fazendo algo antes de serem interrompidas é de apenas três minutos.

Você consegue imaginar um líder sendo realmente produtivo se ele possui em média apenas três minutos seguidos de trabalho focado, sem interrupção?

Você acredita que uma equipe atingirá uma alta *performance* e resultados extraordinários se a cada três minutos um dos membros desse time se distrai com algo diferente?

A mesma pesquisa apontou que o tempo total de interrupções no trabalho chega a duas horas todos os dias.

Mas isso não é o pior.

Além do tempo de paralisação em si, existe o tempo gasto para seu cérebro retomar o foco na tarefa que foi interrompida e poder continuar de onde parou; e esse tempo, em alguns casos, pode chegar a 25 minutos.

Eu sempre comparo esse tempo gasto na retomada do foco com um *pit stop* para troca de pneus nas corridas de Fórmula 1.

---

3 MARK, G.; GUDITH, D.; KLOCKE, U. *The Cost of Interrupted Work: More Speed and Stress.* UCI – Donald Bren School of Information & Computer Services. Disponível em: <https://www.ics.uci.edu/~gmark/chi08mark.pdf?_ga=2.103367240.95646479.1590593019-74572300.1590593019>. Acesso em: 02 de jun. de 2020.

A troca de pneus em si, com o carro de corrida parado no *box*, dura pouco menos de cinco segundos. No entanto, o tempo total que se perde geralmente é de 20 a 30 segundos, por conta da desaceleração até chegar no *box* e depois na retomada de velocidade até o carro retornar à pista.

Ou seja, a interrupção, na prática, causa um prejuízo muito maior do que simplesmente o tempo de paralisação da tarefa em si. Nesse caso do *pit stop*, por exemplo, gasta-se até seis vezes mais tempo do que o necessário para a tarefa em particular.

Você imaginava que uma simples paralisação pudesse ter tanto impacto?

Chegando aqui, você pode estar se perguntando: "Como então fazer para diminuir essas interrupções diárias e aumentar minha própria produtividade e a da minha equipe?".

O primeiro passo é estar ciente do problema, sabendo identificar quais eventos costumam interromper você e a sua equipe sem necessidade.

Depois, é importante que você converse com seus pares e liderados, explicando o quanto isso atrapalha o rendimento do trabalho e propondo alguns acordos para minimizar as interrupções.

Você pode, por exemplo, definir e combinar com sua equipe dias e horários específicos em que você não deve ser interrompido, pois estará focado em alguma atividade importante que exige concentração absoluta.

Sempre que você for iniciar um trabalho importante em que não possa ser interrompido, avise sua equipe com antecedência. Você pode até mesmo combinar algum tipo de código ou sinal visual, assim, quando a pessoa olhar para sua mesa, ela já vai saber se você está disponível naquele momento ou não.

LIDERANÇA PRODUTIVA

Trabalhei com um gestor que usava papel adesivo colorido fixado em seu computador, para informar à equipe se ele estava disponível naquele momento. Funcionava como se fosse um semáforo:

- **Adesivo vermelho:** "Estou muito ocupado, fale comigo em outro horário".
- **Adesivo amarelo:** "Estou ocupado, só me interrompa se for algo realmente urgente".
- **Adesivo verde:** "Pode falar comigo".

Aqui vai da criatividade do líder. O importante é você estabelecer tais acordos para minimizar as situações em que seu trabalho é interrompido.

Outra ação extremamente importante é você desabilitar todas as notificações, seja do seu celular, do seu computador, das redes sociais e até mesmo da sua caixa de *e-mail*.

Um simples alerta no celular ou no computador indicando uma nova mensagem já é o suficiente para distrair você e interromper seu trabalho, sem contar o tempo gasto para ver e responder as mensagens.

Portanto, o ideal é deixar essas notificações desabilitadas e você determinar horários específicos do seu dia para ler e responder as mensagens.

Mas, Alexandre, e se for alguma mensagem urgente?

Nesse caso, basta combinar com as pessoas mais próximas que, em situações realmente urgentes e inadiáveis, elas devem telefonar.

Combater as interrupções no trabalho deve ser uma atitude constante tanto para o líder quanto para a equipe. Com essas atitudes simples e extremamente necessárias, você aumentará significativamente a fluidez do trabalho e os resultados obtidos para o grupo e a companhia.

BAIXA ENERGIA

Quantas vezes você já se sentiu cansado e sem ânimo para fazer suas atividades, mesmo sabendo que elas eram importantes?

Pois saiba que produtividade e baixa energia são coisas incompatíveis.

Independentemente da sua área de atuação ou do ramo de negócio da empresa, os resultados positivos virão das ações feitas com consistência e intensidade, e isso só é possível quando a disposição e energia estão em níveis elevados.

E quando eu falo em energia, refiro-me à saúde de uma maneira mais ampla, que envolve as esferas física, mental e emocional.

Essas três esferas funcionam como um tripé da sua energia, e qualquer uma das três que esteja em desequilíbrio irá impactar negativamente no seu rendimento e na produtividade da sua equipe.

Nos treinamentos que faço dentro das organizações, muitas vezes é fácil perceber quando um líder ou um funcionário está esgotado fisicamente, sem condições de render próximo do seu máximo potencial por conta de cansaço ou exaustão.

Já em outros casos, o problema é uma questão mental ou emocional, que pode estar relacionada a excesso de atividades, trabalho sob pressão, ambiente ruim com colegas, falta de apoio do líder ou até mesmo problemas pessoais que o indivíduo esteja enfrentando.

LIDERANÇA PRODUTIVA

Portanto, o líder precisa estar atento para qualquer sinal de cansaço ou desânimo, tanto em si mesmo quanto nos membros da sua equipe.

Para aumentar sua energia física e disposição, você deve cuidar da sua alimentação e do seu descanso. Comidas leves e saudáveis, além de um sono reparador, são ótimos aliados no aumento da sua *performance* no trabalho.

Sim, eu sei que provavelmente você já sabe da importância de tudo isso.

O que talvez não saiba é que muitos estudos recentes avaliaram a relação da saúde física com a produtividade no trabalho, além de detalhar quais alimentos são mais indicados e quais devem ser evitados.

Hoje se sabe, por exemplo, que consumir açúcares e carboidratos em excesso prejudica o desempenho profissional e baixa a produtividade da pessoa ao longo do dia.

Outro fator comprovado é a importância de beber água para aumentar sua *performance* e produtividade no trabalho. Isso porque uma desidratação leve já é capaz de alterar a capacidade cognitiva do cérebro, baixando sua capacidade de concentração, foco e processamento de informações.

Portanto, uma boa medida é ter sempre por perto uma garrafinha de água durante o trabalho, pois assim será muito mais fácil você se hidratar da maneira correta, em vez de precisar se levantar e beber água apenas quando estiver com sede.

Já no caso da falta de energia por questões mentais ou emocionais, os sinais costumam ser mais sutis e nem sempre é fácil percebê-los, principalmente em outras pessoas.

O líder deve ficar atento a mudanças abruptas de humor e comportamento, que podem indicar que você ou seu liderado esteja passando por problemas que drenam energia e baixam a produtividade.

Como existem várias possíveis causas de baixa da energia nas esferas mental e emocional, o mais indicado é o líder tentar identificar os motivos que estão interferindo negativamente no rendimento, para depois analisar a melhor forma de se ajudar ou ajudar seu liderado.

Lembre-se de que faz parte do papel do líder produtivo zelar pelo bem-estar da sua equipe e criar as condições ideais para o aumento da produtividade, refletindo assim melhores resultados para o grupo e para a organização.

Exatamente por isso é tão importante cuidar da energia!

SER MULTITAREFA

Um dos maiores mitos sobre produtividade é acreditar que fazer várias tarefas ao mesmo tempo é sinônimo de profissional produtivo.

Sabe aquela pessoa que fica com o *e-mail* aberto redigindo uma mensagem, ao mesmo tempo em que fala ao telefone, coloca um pedido no sistema, conversa com o colega do lado e ainda lê as notificações do celular?

Você já viu pessoas assim? Ou você mesmo já se encontrou em situações semelhantes?

Pois eu sinto muito por decepcioná-lo, mas dificilmente você está realizando várias tarefas simultaneamente e de forma efetiva. Em vez disso, geralmente as pessoas que dizem conseguir fazer várias tarefas ao mesmo tempo estão na verdade pulando de tarefa em tarefa antes de concluir cada uma delas.

Isso porque a alta produtividade está diretamente relacionada ao foco naquilo que está sendo feito, e diversos estudos já mostraram que nosso cérebro geralmente só consegue focar em uma coisa por vez.

LIDERANÇA PRODUTIVA

Logicamente, eu me refiro aqui a tarefas que precisam de atenção e foco, como por exemplo responder *e-mails* ou conversar com uma pessoa sobre um tema de trabalho.

Para atividades que já entraram no modo automático, aí sim você consegue fazer duas coisas ao mesmo tempo, como por exemplo dirigir e prestar atenção ao rádio, ou então tomar banho e pensar na reunião do dia seguinte.

No entanto, no caso das tarefas que exigem certo grau de atenção, o que nosso cérebro faz não é executá-las simultaneamente, mas sim alternar o foco rapidamente entre as diversas atividades.

Faça você mesmo a experiência de tentar conversar com alguém e ler as postagens das redes sociais ao mesmo tempo. Você logo perceberá que não consegue fazer bem feito nem uma coisa nem outra.

Você perderá partes da conversa enquanto estiver vendo seu celular, ou vai parar de prestar atenção no celular quando focar no que a pessoa à sua frente está dizendo.

Agora que você já entendeu que o seu cérebro está muito mais para "monotarefa", vamos falar sobre o que habitualmente as pessoas chamam de ser multitarefa, ou seja, alternar entre várias atividades rapidamente.

O problema quando você faz isso é que, no final, o tempo total gasto é muito maior do que ao fazer uma tarefa de cada vez. Isso porque, para cada vez que você muda a tarefa, sua mente precisa se ajustar e focar em outra atividade, e isso leva um tempo.

Além do tempo gasto ser maior, a qualidade do seu trabalho também será afetada, aumentando a chance de cometer erros e prejudicar o resultado final daquilo que estava fazendo.

Por isso, todo líder produtivo foca em realizar uma tarefa por vez!

Entender – e aplicar – esse conceito evitará o desperdício de tempo e aumentará a qualidade do seu trabalho e da sua equipe, tornando-a muito mais produtiva.

PERFECCIONISMO

Esse ladrão da produtividade talvez seja o que mais gere discussão, já que muitas pessoas entendem o perfeccionismo como algo positivo, pois estaria associado a uma busca constante por qualidade.

Sim, todo líder produtivo deve buscar a maior qualidade possível, tanto no seu próprio trabalho quanto nas atividades de sua equipe.

No entanto, na prática, a busca pela perfeição se torna uma armadilha, pois faz o profissional correr atrás de algo subjetivo e muitas vezes inatingível, comprometendo assim seu poder de ação.

O que eu percebo dentro das organizações é que pessoas mais perfeccionistas e propensas a buscar o nível máximo de excelência são também aquelas que mais ficam paralisadas, pois têm dificuldade em desenvolver seu trabalho enquanto não estiverem 100% satisfeitas com a qualidade.

Esse problema tende a acontecer mais com indivíduos de perfis comportamentais planejador e analista, conforme falei no capítulo anterior. Já os comunicadores, e principalmente os executores, dificilmente sofrerão com a inércia por buscar um trabalho perfeito.

O perfeccionismo geralmente está fortemente ligado ao controle.

Buscar a perfeição é querer ter o controle absoluto da situação e de todas as variáveis possíveis. O problema é que na prática isso simplesmente não existe, principalmente considerando o dia a dia turbulento e competitivo de uma empresa.

LIDERANÇA PRODUTIVA

É utopia querer prever e controlar os resultados antes de as ações começarem a ser executadas. Isso porque as novas situações vão se apresentando conforme o trabalho vai se desenvolvendo, não sendo possível enxergar todos os obstáculos com antecedência.

O ideal é entrar em ação com os recursos disponíveis do momento, e os processos serão corrigidos e aperfeiçoados conforme as necessidades vão surgindo e novos cenários vão se apresentando.

Gosto de comparar essa situação com uma viagem de carro.

Imagine que você vá dirigir numa estrada durante a noite para fazer uma viagem de cem quilômetros. Você não conseguirá ver a estrada inteira antes de iniciar a viagem, concorda? Da mesma forma, você não saberá se tem buracos na pista, um carro quebrado, algum desvio no caminho ou alguma interdição feita de última hora.

O farol do seu carro, à noite, iluminará uns dez metros à sua frente. Você então começará a dirigir enxergando apenas os próximos dez metros.

À medida que você segue com a viagem, você passa a enxergar os dez metros seguintes e assim por diante, até completar os cem quilômetros da sua viagem.

O mesmo acontecerá com a maioria dos projetos e atividades dentro de uma organização.

Muitos dos problemas e situações desafiadores só irão aparecer à medida que você avança nas atividades, não sendo possível vê-las antes de começar o trabalho.

É claro que não estou falando para as coisas serem feitas sem planejamento e de qualquer jeito.

Não é isso!

O que quero que você entenda é que a busca pela perfeição pode paralisar um líder e uma equipe, comprometendo seriamente a produtividade do grupo e os resultados financeiros da organização.

Ademais, as constantes mudanças sociais e tecnológicas, assim como a competitividade corporativa, exigem cada dia mais uma liderança ágil e dinâmica. Por isso mesmo, eu enxergo o perfeccionismo muito mais como um ladrão da produtividade do que um atributo desejável em um líder ou colaborador.

Certa vez, a escritora norte-americana Jodi Picoult disse: "Você pode editar uma página ruim, mas não é possível editar uma página em branco".

Ou seja, é preferível que você tenha bons projetos colocados em prática do que projetos perfeitos apenas no papel.

Portanto, busque ser um líder que edita e melhora suas páginas escritas, em vez de ser um líder com páginas em branco.

GUARDAR TAREFAS NA CABEÇA

Sua cabeça foi feita para criar projetos, encontrar oportunidades e buscar soluções, e não para servir de agenda das suas tarefas e compromissos.

Se o líder entender e praticar esse princípio, ele já dará um grande passo em direção a uma rotina mais produtiva na gestão do seu trabalho e condução da equipe.

Quantas vezes você já perdeu o prazo ou esqueceu de fazer alguma tarefa simplesmente por não ter anotado em nenhum local?

Quantas vezes você estava trabalhando e, de repente, no meio da atividade, se lembrou de outra coisa que precisava fazer?

Isso é mais comum do que você imagina.

LIDERANÇA PRODUTIVA

Acontece que quando uma pessoa não anota seus compromissos e tarefas, e tenta guardar tudo na memória, várias consequências ruins podem ocorrer.

A primeira, e a mais óbvia delas, é se esquecer de fazer a atividade ou perder um prazo importante. Pode ser pagar uma conta, fazer um telefonema, responder um *e-mail*, enviar uma proposta a um cliente ou agendar uma reunião.

Não importa a atividade: se você tentar sempre guardar na memória, cedo ou tarde irá se esquecer de algumas tarefas.

Outra consequência negativa é que enquanto a tarefa não for anotada em algum local fora da sua cabeça, ela ficará voltando com frequência à sua mente, aparecendo em vários momentos durante o dia.

Isso certamente causará distrações e fará você perder o foco em seus afazeres, aumentando as interrupções. E como você já viu, a interrupção é um dos ladrões de produtividade mais nocivos que existem.

Por último, guardar as tarefas na cabeça fará você gastar mais energia.

Quando você anota e registra todas as suas tarefas e compromissos, você deixa sua mente livre para os trabalhos criativos e estratégicos, sem se preocupar em ter que lembrar de algo importante ou gerenciar tarefas na cabeça.

No entanto, quando você tenta lembrar constantemente das tarefas, seu cérebro faz um enorme esforço extra para gerenciar mentalmente essas atividades, e você tende a ficar mais estressado e cansado.

Não confie 100% na sua memória, pois uma hora ela irá falhar!

Todo líder produtivo é também um líder organizado e possui um local onde registra suas atividades pendentes para não ter que guardá-las na cabeça.

Não existe um jeito certo para anotar suas tarefas.

Algumas pessoas gostam de aplicativos no celular ou pastas *on-line*, enquanto outras preferem o bom e velho caderninho, com papel e caneta. Basta escolher a maneira que mais combine com você e se adapte ao seu dia a dia.

ALEXANDRE GABOARDI

O importante é que seja algo prático, rápido e que você tenha fácil acesso para consultar essas tarefas.

Agora que você já conheceu os nove principais ladrões da produtividade, que tal fazer um exercício para identificar o quanto eles estão roubando do seu tempo e sabotando os seus resultados e do seu time?

Eu sugiro que esse exercício seja feito por você, líder, mas também pelos seus liderados, para que todos tenham ciência do quanto são afetados por esses fatores, podendo assim aplicar um plano de ação para aumentar a produtividade individual e também de toda a equipe.

Por isso, proponho que para cada um dos ladrões da produtividade você dê uma nota de 0 a 10, indicando o quanto ele atrapalha o seu rendimento profissional.

Depois, para cada item que você deu uma nota igual ou maior que seis, escreva uma atitude simples que você pode adotar de imediato para reduzir o impacto daquele ladrão de produtividade.

Ladrão da Produtividade	Nota 0 a 10	Atitude simples para enfrentar esse ladrão
Não planejar o dia com antecedência		
Não saber dizer "não"		
Excesso de tomadas de decisão		
Não definir prazos		

Interrupções		
Baixa energia		
Ser multitarefa		
Perfeccionismo		
Guardar tarefas na cabeça		

QUAL A IMPORTÂNCIA DE CRIAR PROCESSOS INTERNOS?

Quero apresentar a você um outro fator essencial para todo líder produtivo ser bem-sucedido, e que, na minha experiência dentro de empresas, vejo que faz uma diferença enorme no resultado das equipes de alta *performance*.

Estou falando sobre você criar processos internos.

Esse é um campo tão rico e importante que existe uma área de estudo específica para o tema, que é a Gestão de Processos. Para o líder que desejar se aprofundar no tema, eu recomendo fortemente que procure um bom curso ou livro sobre o assunto.

Meu intuito aqui é que você entenda a importância dos processos para a sua produtividade e para os resultados da sua equipe, além de ter mais ferramentas para planejar e criar os processos que você adotará com seus liderados.

O processo interno pode ser entendido como sendo o manual de instruções das atividades no departamento.

Ele deve ser um descritivo detalhado e estruturado, mostrando o passo a passo de como uma atividade ou rotina deve ser desempenhada pela equipe. Seu objetivo é servir como um guia para padronizar as ações e informar como as tarefas devem ser executadas, em qual ordem e com qual prioridade.

Obviamente que nem todas as atividades terão processos criados para elas, pois no dia a dia das empresas muitas tarefas surgem de uma situação atípica ou emergencial, cabendo ao líder tratá-la de forma isolada e pontual, de acordo com sua importância.

No entanto, a grande maioria das atividades diárias dentro de uma organização faz parte de uma rotina, podendo dessa forma ser criado um processo interno para melhor gerenciá-las.

Pela minha experiência em trabalhos nas empresas, posso garantir que líderes que trabalham com processos bem definidos possuem resultados comprovadamente mais expressivos junto ao seu time.

Uma das vantagens de ter processos é o ganho de tempo e, consequentemente, o aumento da produtividade. Como já há uma instrução prévia de como proceder, isso evitará retrabalhos e dúvidas que poderiam surgir na execução das tarefas.

Além de aumentar a produtividade e reduzir o desperdício de tempo, a criação de processos internos também padroniza a qualidade dos serviços feitos pelo seu time. Isso é ainda mais importante quando se trata da mesma atividade feita por muitas pessoas, departamentos ou unidades diferentes.

Pense por exemplo em alguma rede famosa de *fast food*.

Já imaginou se cada vez que entrasse em uma loja dessa rede você fosse atendido de um jeito diferente?

LIDERANÇA PRODUTIVA

Já pensou se a qualidade e o tamanho do lanche variassem de acordo com o funcionário que estava na cozinha naquele momento?

Talvez você esteja pensando: "Ah, Alexandre, mas onde eu trabalho nós não precisamos lidar diretamente com o cliente final".

Mesmo que esse seja o seu caso, certamente há outras pessoas e departamentos que se relacionam e interagem de alguma forma com as atividades dos seus liderados, sem falar dos possíveis fornecedores, distribuidores e prestadores de serviços em geral.

Com certeza, toda essa cadeia de negócios também sairá ganhando com a padronização dos serviços da sua equipe.

Outro grande benefício da criação de processos internos é o aumento da autonomia e da independência das equipes.

Por ser uma diretriz oficial de como proceder nas tarefas, os liderados não precisam ficar a toda hora perguntando e interrompendo seu gestor, pois estarão mais seguros e confiantes do que deve ser feito.

Nos trabalhos de consultoria que realizo em empresas, eu já presenciei diversas cenas de líderes tendo que explicar várias vezes a mesma coisa para pessoas diferentes ou em momentos diferentes, simplesmente por não existir um documento oficial e acessível com tais procedimentos.

No entanto, quando o líder educa seu time para que consulte e siga as orientações contidas nos processos, ele ganha tempo e espaço para se dedicar mais às estratégias e planejamentos, não perdendo muito tempo com questões operacionais.

Um processo bem definido permite que a equipe trabalhe e funcione corretamente mesmo sem a presença física do líder por perto. E isso é fundamental para se criar um ambiente de trabalho altamente produtivo.

Ok, mas e como deve ser esse processo interno?

Primeiramente, quero deixar claro que o processo interno a que me refiro não são as regras gerais da empresa e suas normas de conduta. Estou me referindo às regras estabelecidas pelo líder para a execução das rotinas de trabalho do seu grupo.

Essas regras, como você bem viu no capítulo dedicado à comunicação, devem ser claras, objetivas e específicas, para que não haja dúvidas quanto ao seu entendimento e aplicação.

Além disso, os processos internos precisam estar acessíveis de maneira fácil e rápida sempre que os colaboradores precisarem.

Já vi empresas onde os departamentos até criavam processos, mas eram tão confusos e de difícil acesso que na prática não serviam para nada, eram apenas uma formalidade que ninguém seguia.

Em outros casos, o processo interno simplesmente não era passado de forma clara aos novos funcionários que entravam na empresa. E cabe ao líder produtivo criar, divulgar e incentivar o uso dos processos internos por parte dos seus liderados.

Ao criar e detalhar o passo a passo de cada atividade, é importante que você consulte e envolva sua equipe na elaboração dos processos internos, pois são eles que executam as tarefas no dia a dia. Dessa forma, além de aumentar o engajamento da equipe, você evita que alguma coisa importante na execução da tarefa fique de fora do processo que está sendo criado.

E há ainda um último ponto que eu quero trazer para a nossa conversa.

A função dos processos internos é gerar resultados extraordinários por meio de pessoas comuns.

Pense por um instante na frase acima.

LIDERANÇA PRODUTIVA

Certamente você já viu, leu ou ouviu pessoas afirmando que o capital humano é o maior patrimônio das empresas, que todo funcionário deve tratar a empresa onde trabalha como se fosse dele, e que é preciso buscar a excelência e ser um profissional melhor a cada dia.

Sim, tudo isso é verdade. E conceitualmente eu concordo com todas as ideias anteriores.

O problema é que, na maior parte das vezes, tais frases não funcionam exatamente assim na prática, e acabam parecendo meros discursos motivacionais que não trazem resultados reais.

Nenhum líder terá sucesso apenas com palavras bonitas e discursos motivacionais.

Meu intuito é ajudar você, de fato, a enfrentar os desafios reais de um líder no dia a dia de uma organização.

Responda para si mesmo: quantas pessoas realmente fora da curva você conheceu até hoje nas empresas em que trabalhou? Quantos profissionais você conheceu que possuíam um verdadeiro espírito empreendedor e conseguiam se destacar independentemente do trabalho que estavam realizando?

Posso apostar que foi a minoria.

Logicamente, o cenário ideal seria você contratar apenas pessoas muito acima da média para sua equipe, mas isso nem sempre é possível. Primeiro porque esses profissionais custam caro, e segundo porque geralmente eles já estão empregados.

No entanto, por meio dos processos internos é possível aumentar a produtividade e os resultados financeiros gerados por sua equipe, mesmo liderando pessoas comuns.

Ademais, uma liderança produtiva eficiente certamente irá desenvolver bons profissionais para o seu time, mas inicialmente não é preciso ter uma equipe só formada por gênios para conseguir resultados expressivos.

Tenha bons processos internos e veja os seus resultados se expandirem!

CAPÍTULO 8

Capítulo 8

INVISTA SEU ESFORÇO NO QUE TRAZ RESULTADO

"A liderança efetiva é colocar em primeiro lugar o que é mais importante. O gerenciamento efetivo é disciplina, realizando isso."

Stephen Covey

Desde que começamos a falar sobre produtividade no capítulo anterior, você aprendeu que ela não está relacionada a fazer muitas tarefas, mas sim em fazer as tarefas certas.

Contudo, como saber quais são as tarefas certas? Como determinar quais atividades darão maior retorno e irão gerar os melhores resultados para você e seus liderados?

Para responder a essa pergunta, eu primeiro preciso dizer que não é porque algumas tarefas precisam ser feitas que elas são todas iguais. Seja nas atividades do líder ou da equipe, as tarefas terão diferenças entre si na sua complexidade, no tempo de execução, no prazo de entrega e, principalmente, no retorno que cada uma delas dará.

E é esse último item que o líder produtivo deve buscar: as tarefas que dão maior retorno, levando-se em conta o objetivo que está sendo buscado pelo time e pela companhia.

LIDERANÇA PRODUTIVA

Para tanto, você deve conhecer e utilizar o Princípio de Pareto.

Conhecido popularmente como Lei 80/20, o Princípio de Pareto tem esse nome porque foi apresentado pelo economista italiano Vilfredo Pareto. Ao fazer um estudo sobre distribuição de renda, Pareto percebeu que ela não se dava de maneira uniforme, já que grande parte dos bens (80%) estava concentrada nas mãos de poucas pessoas (20%).

Essa não uniformidade foi observada em várias outras situações, e hoje o Princípio de Pareto é amplamente utilizado em áreas como Medicina, Engenharia, Administração, *Marketing* e Nutrição, entre outras.

Basicamente, a Lei 80/20 refere-se então a situações desproporcionais de causa e efeito, em que uma quantidade relativamente baixa de recursos empregados (entradas) gera um resultado muito grande (saídas).

Em resumo: 20% das suas ações geram 80% dos seus resultados.

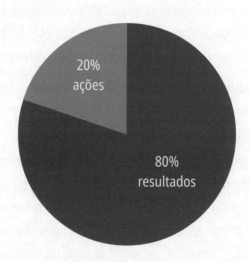

Vou dar alguns exemplos práticos que ajudará você a entender melhor o Princípio de Pareto:

- 20% dos vendedores em uma empresa fazem 80% do total de vendas da companhia;
- 80% das questões da prova foram baseadas em 20% da matéria dada;
- 20% dos times de futebol detêm 80% dos torcedores;
- 80% dos livros vendidos são escritos por 20% dos escritores;
- 20% dos motoristas causam 80% dos acidentes de trânsito;
- 80% dos lucros de um negócio provêm de 20% dos clientes.

Bem, acredito que você já tenha entendido o conceito.

Note, no entanto, que a relação 80/20 é apenas uma representação da relação desproporcional entre causa e efeito, e não necessariamente uma pesquisa estatística. Tanto nos exemplos acima como no dia a dia dentro das empresas, você pode encontrar uma relação 70/30, 90/10 ou 85/15.

Na verdade, a soma das partes nem precisa necessariamente dar 100, já que as entradas e saídas são elementos diferentes. Por exemplo, é possível termos uma empresa em que 20% dos vendedores gerem 90% das vendas.

Ok, mas, afinal, o que tudo isso tem a ver com a liderança produtiva?

É simples: tanto nas suas tarefas como líder quanto nas atividades dos seus liderados, a Lei 80/20 estará constantemente presente.

Agora pense comigo: se a grande maioria dos seus resultados virá de poucas ações, porque você deveria investir muitos recursos (tempo, dinheiro e energia) em ações que darão pouco retorno?

Peter Drucker, o pai da Administração Moderna, disse certa vez: "Nada é menos produtivo do que fazer com eficiência algo que nem deveria ser feito!".

LIDERANÇA PRODUTIVA

Portanto, todo líder produtivo entende e aplica o Princípio de Pareto no seu trabalho e no gerenciamento da sua equipe. Quando você foca e concentra seus esforços naquelas poucas ações que trazem mais resultados, a sua produtividade aumenta de maneira exponencial.

Líder, vamos fazer um exercício para praticar o Princípio de Pareto?

1. Escreva qual o seu objetivo principal no momento, ou algum objetivo seu ou da sua equipe em que você queira aplicar a Lei 80/20.

2. Na primeira coluna, liste algumas tarefas que possuem relação com esse objetivo escolhido.

3. Na coluna do meio, escreva todos os recursos de tempo, dinheiro e energia necessários para essa tarefa ser cumprida.

4. Na última coluna, escreva qual o retorno ou resultado que cada tarefa dá para você, tendo em vista o objetivo estipulado.

5. Agora, compare as colunas 2 e 3 de cada tarefa, para analisar e identificar quais são as tarefas que têm o potencial de trazer os maiores retornos para o seu objetivo com relativamente pouco esforço.

Esse exercício ajudará você a priorizar e focar nas atividades certas, aumentando consideravelmente sua produtividade individual e também da sua equipe.

OBJETIVO: _____

TAREFAS	RECURSOS (ESFORÇOS)	RETORNO
1)		
2)		
3)		
4)		
5)		
6)		
7)		
8)		
9)		
10)		

Ao realizar o exercício acima, você perceberá que algumas tarefas demandarão muito tempo, dinheiro e energia, e talvez o resultado prático que essas atividades trarão não seja tão relevante assim comparadas a outras ações.

No caso, de acordo com o Princípio de Pareto, essa tarefa não deve ser uma prioridade, podendo inclusive ser descartada, terceirizada ou delegada, dependendo da situação.

Já em outros casos, você notará que certas tarefas são mais simples e requerem poucos investimentos, mas trazem um resultado extremamente significativo para o líder, o grupo e a empresa.

São essas tarefas que o líder produtivo deve priorizar, e é aqui que os esforços devem ser concentrados.

LIDERANÇA PRODUTIVA

VOCÊ SABE A DIFERENÇA ENTRE IMPORTÂNCIA E URGÊNCIA?

Além da Lei 80/20, há um outro conceito importante que ajudará o líder produtivo a definir melhor suas prioridades e aumentar os resultados da companhia e do seu time: a Matriz de Eisenhower.

Dwight David Eisenhower foi general do exército americano e presidente dos Estados Unidos entre 1953 e 1961. A produtividade de Eisenhower é lendária, sendo considerado um mestre na administração do tempo e conhecido por conseguir fazer tudo o que era necessário ser feito.

É dele a famosa frase: "O que é importante raramente é urgente, e o que é urgente raramente é importante".

O segredo da alta produtividade de Eisenhower estava exatamente aí: identificar quais tarefas eram importantes e quais eram apenas urgentes, e saber como lidar com cada uma delas.

Talvez você esteja se perguntando: "Mas, Alexandre, quando uma tarefa é urgente, quer dizer que ela também é importante, certo?".

Não necessariamente, apesar de muita gente pensar assim.

E essa confusão é um dos principais problemas na rotina das organizações, que faz com que o líder e sua equipe percam muito tempo resolvendo problemas de última hora em vez de focarem nas atividades que realmente farão diferença nos resultados da empresa.

Você deve se lembrar que eu já falei sobre a importância de evitar trabalhar apenas nas urgências, certo? Esse assunto veio quando falamos sobre a competência do planejamento estratégico e também quando expliquei que as tarefas mais relevantes devem ser feitas preferencialmente pela manhã.

No entanto, agora vou aprofundar um pouco mais sobre os prejuízos de se trabalhar sempre apagando incêndios, em vez de focar no planejamento das atividades estratégicas da organização.

Eu mesmo já me deparei várias vezes com situações em que o líder praticamente só fazia tarefas de rotina, passando todo o expediente resolvendo conflitos e direcionando o time para solucionar as urgências e os imprevistos que apareciam.

Em termos de produtividade, esse comportamento do líder é desastroso!

Lembro de uma ocasião em que o gestor de uma empresa do ramo de Educação havia solicitado um estudo para verificar alternativas ao sistema que era utilizado internamente por funcionários e também pelos alunos, que são os clientes da instituição.

Havia uma previsão de que a contratação de um sistema mais moderno e confiável aumentaria a produtividade dos colaboradores da empresa, tornaria o acesso *on-line* dos alunos mais fácil e intuitivo e otimizaria a venda de cursos e formações.

No entanto, a reunião final com o fornecedor dessa nova plataforma nunca era marcada porque "o trabalho estava uma correria", e sempre era deixado para depois.

Além disso, esse gestor também se preocupava com os três dias em que o atual sistema deveria ficar parado para a fase de implementação, testes e treinamento da nova plataforma. Segundo ele, três dias com o sistema parado comprometeriam a rotina do trabalho operacional.

Ou seja, esse líder estava optando por resolver as urgências e continuar com um sistema lento e ineficaz, em vez de focar em uma ação que traria aumento de produtividade e *performance* para os funcionários, clientes e empresa.

Durante o trabalho que realizei nessa empresa, o gestor entendeu que estava cometendo o erro de trocar algo importante pelo urgente. E quando finalmente optaram pela troca de sistema, o aumento das ven-

LIDERANÇA PRODUTIVA

das e da produtividade da equipe representou um lucro mensal cerca de 20% maior do que antes.

No entanto, esse resultado já poderia ter sido conquistado meses antes, caso tivessem entendido que estavam focando nas urgências e deixando de lado as ações mais relevantes em termos de resultados financeiros.

E, como eu disse, a Matriz de Eisenhower é uma técnica poderosíssima, utilizada há décadas ao redor do mundo, e que deve fazer parte do seu arsenal de ferramentas produtivas para direcionar suas ações e liderar seu grupo.

Para saber como utilizá-la, você precisa primeiro entender a diferença entre o que é importante e o que é urgente.

A importância de uma atividade refere-se aos benefícios adquiridos quando a tarefa é realizada, ou aos prejuízos causados quando a tarefa não é cumprida. Quanto maiores os ganhos com a tarefa feita, ou os prejuízos da tarefa não feita, maior a importância dessa atividade.

Já a urgência se refere única e exclusivamente ao tempo que você tem para realizar determinada tarefa. Se o tempo está acabando, é urgente. Se o prazo limite ainda está longe, não há urgência.

Portanto, uma tarefa pode ser importante ou não, dependendo dos benefícios que trará. E pode ser urgente ou não, dependendo do prazo existente para realizá-la.

Sendo assim, temos quatro possibilidades diferentes para classificar uma tarefa:

- **Importante e Urgente;**
- **Importante e Não Urgente;**

- Não Importante e Urgente;
- Não Importante e Não Urgente.

Para cada caso, você deve dar uma tratativa diferente para a tarefa, dependendo de sua classificação.

	URGENTE	NÃO URGENTE
IMPORTANTE	*CRISE E CAOS* "Faça agora"	*METAS E PLANEJAMENTO* "Agende"
NÃO IMPORTANTE	*INTERRUPÇÕES* "Delegue"	*DISTRAÇÕES* "Elimine"

TAREFAS IMPORTANTES E URGENTES

Grande parte das empresas, infelizmente, possui a maior parte das suas tarefas classificadas nessa categoria.

Quando uma tarefa é importante, mas você tem pouco tempo para realizá-la, é provável que o trabalho seja baseado em cobrança, estresse e muita pressão.

LIDERANÇA PRODUTIVA

As palavras que representam essa categoria são crise e caos.

A tendência é que se cometa mais erros na execução das atividades por conta da pressa para cumprir os prazos, além de reduzir a qualidade do trabalho e a satisfação profissional dos colaboradores.

O fato de as tarefas importantes estarem na categoria de urgência pode ser explicada pela má gestão dos líderes, bem como o hábito de se deixar tudo para a última hora, conforme você aprendeu por meio da Lei de Parkinson.

O ideal é que as tarefas importantes não cheguem à fase da urgência, mas sim que sejam feitas com antecedência e planejamento. No entanto, quando as tarefas já estão nessa categoria, elas devem ser as prioridades em suas ações e nas da sua equipe.

Assim que você finalizar esse tipo de tarefa, cuide para que as ações importantes do seu departamento sejam realizadas com antecedência, antes de se tornarem urgências novamente.

Estima-se que cerca de 70% das tarefas urgentes e importantes um dia foram apenas importantes, mas por terem sido postergadas se tornaram também urgentes.

Como exemplo, considere que ir ao dentista regularmente para fazer um *checkup* é uma tarefa importante. No entanto, se você não vai e depois tem uma dor de dente, ir ao dentista passou a ser não apenas importante, mas também urgente.

O mesmo acontece com o carro que quebrou por falta de manutenção preventiva, ou o relatório que está em cima do prazo porque não foi iniciado antes.

No seu dia a dia, quanto menos tarefas você tiver nesse quadrante, melhor será sua produtividade. Porém, preciso alertar você que nem sempre a tarefa urgente e importante advém de algo que foi adiado ou negligenciado.

Imagine, por exemplo, que você está sentado num parque vendo o seu filho brincar e, de repente, ele cai e quebra o braço. Você então sairá correndo para levá-lo ao hospital, certo?

Nesse caso, ir ao hospital é uma tarefa que já nasceu urgente e importante ao mesmo tempo.

Não foi fruto de uma tarefa importante que vinha sendo adiada.

Portanto, o líder produtivo precisa estar ciente de que algumas urgências farão parte do seu trabalho, ao mesmo tempo em que deve cuidar para que isso não seja um padrão nas suas atividades e nem uma constante nas tarefas do seu departamento.

TAREFAS IMPORTANTES E NÃO URGENTES

Nesse quadrante está o grande segredo das pessoas altamente produtivas.

Todo líder produtivo deve buscar trabalhar prioritariamente nas atividades que geram os maiores resultados para a companhia, ou seja, nas tarefas importantes.

Além disso, é fundamental que essas atividades sejam realizadas de maneira organizada e planejada, dentro de um prazo hábil que permita um serviço de qualidade, ou seja, de forma não urgente.

As palavras que representam essa categoria são metas e planejamento.

Tarefas importantes e não urgentes geram melhores resultados individuais e em grupo, aumentam o engajamento dos funcionários, criam um clima de trabalho saudável e tornam o fluxo de tarefas algo natural e produtivo.

Em uma situação ideal, a maioria das atividades de um grupo será de tarefas dentro dessa categoria. Quanto maior a porcentagem das atividades que estiver nesse quadrante, maior será a produtividade do líder e do seu time.

LIDERANÇA PRODUTIVA

E como você acabou de ver, quando essas tarefas são adiadas, corre-se o risco de se tornarem urgências.

Por isso, após priorizar as tarefas importantes e urgentes por conta do prazo curto, o líder deve garantir que tudo que for relevante esteja agendado para ser feito, mesmo que ainda não esteja perto da data limite para entrega.

É importante que estejam nessa categoria as atividades referentes ao desenvolvimento pessoal e profissional dos liderados, planejamento estratégico, *feedback* individual dos membros da equipe, avaliação de riscos, aumento das competências e estudos sobre necessidades de treinamentos, entre outras ações estratégicas.

TAREFAS NÃO IMPORTANTES E URGENTES

Nesse terceiro quadrante estão as atividades circunstanciais e de rotina, que não apresentam grandes benefícios em termos de resultados, mas que por outro lado possuem pouco tempo para serem feitas.

Imagine que você está em sua mesa trabalhando e de repente você recebe uma ligação de um colega de outro departamento, convidando você para participar de uma reunião que começará em quinze minutos.

Você tem a liberdade de participar se quiser, porém o assunto da reunião não está diretamente ligado ao seu trabalho, por isso não tem grande relevância.

Essa atividade de participar da reunião não é algo necessariamente importante, pois não vai trazer grandes benefícios para o seu trabalho e nem trará prejuízos caso você decida não participar.

No entanto, você não tem tempo de deixar essa tarefa para depois, pois a reunião logo vai começar.

Esse seria um exemplo de tarefa não importante e urgente, já que esta consome tempo, mas não dá retorno significativo. Por isso, o líder produtivo precisa se esforçar para diminuir ao máximo as atividades com tal classificação.

A palavra que representa essa categoria é interrupção.

E, de maneira geral, as interrupções se enquadram nessa classificação porque exigem de você uma ação imediata, mesmo que geralmente sejam assuntos irrelevantes para o seu trabalho.

Quando seu telefone toca, por exemplo, você não tem a opção de atender depois, pois se não o fizer na hora, o telefone para de tocar. A mesma coisa acontece quando algum colega encosta na sua mesa para conversar ou perguntar algo.

E, então, como você deve tratar esse tipo de tarefa?

O primeiro ponto seria minimizar as interrupções, conforme você viu nos ladrões da produtividade. Fazer acordos com a sua equipe e estabelecer momentos específicos para que as pessoas possam falar com você já aumentará bastante sua produtividade.

Outra ação importante é usar sua capacidade de falar "não" quando for necessário, para que você não vire agenda dos outros. Você também aprendeu a fazer isso ao estudar os sabotadores de produtividade, certo?

E, por último, você precisará usar sua competência de saber delegar.

As tarefas que são urgentes, mas que não são importantes, muitas vezes precisam ser feitas naquele momento, mas não necessariamente por você.

Sempre que possível, você pode delegar para outra pessoa algumas atividades urgentes que são meramente operacionais, seja passando essa demanda para algum colaborador ou então contratando algum serviço terceirizado, por exemplo.

LIDERANÇA PRODUTIVA

Isso será fundamental para deixar o líder livre para se dedicar às tarefas chaves da organização, e que terão maior impacto no rendimento da equipe e nos resultados financeiros da companhia.

TAREFAS NÃO IMPORTANTES E NÃO URGENTES

Nesse quadrante estão as piores tarefas, que devem ser evitadas a qualquer custo dentro do ambiente de trabalho.

Conceitualmente falando, se uma atividade não é importante e também não tem urgência, não há razão para fazê-la. Na prática, essas tarefas servirão só para roubar tempo e atrapalhar o desempenho da equipe.

A palavra que representa essa categoria é distração.

Enquanto no tipo de tarefa anterior (não importante e urgente) você tinha que aprender a falar "não" para os outros, aqui você deve falar "não" para si mesmo.

Geralmente, nesse quadrante temos as atividades que aparentemente são prazerosas e relaxantes, porém totalmente descartáveis por serem improdutivas.

Navegar nas redes sociais, jogar conversa fora com o colega do lado, se distrair no celular e ficar pensando em coisas alheias ao trabalho durante o expediente são exemplos de atividades que se enquadram nessa categoria.

E como agir diante dessas tarefas?

Na grande maioria das vezes, essas atividades podem simplesmente ser eliminadas sem problema algum, não fazendo nenhuma falta ao não serem realizadas.

No começo, pode ser mais desafiador eliminá-las, mas basta um pouco de disciplina e autocontrole para aos poucos você diminuir a quantidade de distrações no trabalho, tanto as suas quanto as dos seus liderados.

Sabendo classificar suas tarefas nos quatro tipos da Matriz de Eisenhower, fica muito mais fácil identificar o que deve ser priorizado e corrigir comportamentos improdutivos.

A IMPORTÂNCIA DE CONDUZIR REUNIÕES PRODUTIVAS

Trabalhei por muitos anos em uma empresa que adorava reuniões.

No entanto, o problema não era a reunião em si, mas sim o fato de que muitas vezes ela terminava sem que nada tivesse sido definido, a não ser a certeza de que precisaríamos de outra reunião.

Eram reuniões intermináveis, cansativas e ineficazes, em que frequentemente se perdia o foco e desviava do assunto principal. Por vezes acontecia algo ainda pior: os participantes não sabiam ao certo qual era realmente o objetivo da reunião.

Isso já aconteceu com você alguma vez?

Pois saiba que você não está sozinho.

Em geral, os profissionais de nível gerencial das empresas passam cerca de metade do seu tempo em reuniões. Muito, não é?

E o tempo despendido em reuniões ainda aumenta consideravelmente entre profissionais do nível diretivo das empresas, podendo chegar até mesmo a 75% do tempo!

O economista e escritor americano John Kenneth Galbraith disse que "reuniões são indispensáveis quando não se quer fazer nada".

Eu obviamente não chegaria a esse extremo de dizer que todas as reuniões são inúteis e que não possuem sua importância dentro do ambiente

LIDERANÇA PRODUTIVA

corporativo. Algumas reuniões têm, sim, importância e, quando bem conduzidas, fazem parte das atribuições de um líder de sucesso.

No entanto, os números sobre reuniões improdutivas são preocupantes.

Segundo pesquisa da TriadPS[1], empresa especializada em produtividade pessoal e corporativa, apenas 1/3 das reuniões empresariais são realmente bem conduzidas e eficazes.

Já outros estudos [2] preliminares dessa mesma empresa mostram ainda que 66% das pessoas consideram que as reuniões em seu ambiente de trabalho são improdutivas e malconduzidas.

Em termos financeiros, se formos considerar uma empresa de porte médio e o valor da hora trabalhada de cada funcionário que participa das reuniões, estamos falando de centenas de milhares de reais jogados no lixo anualmente, por conta de reuniões improdutivas.

Na verdade, é fácil entender o tamanho do prejuízo para a companhia quando pensamos em todos os recursos empregados nas reuniões, como tempo, dinheiro, estrutura física, energia e mão de obra, entre outros.

Reuniões malfeitas ou desnecessárias acabam com a produtividade e a competitividade de uma empresa. Por isso mesmo, líderes produtivos devem saber conduzir com maestria reuniões objetivas e eficientes.

E tão importante quanto saber como conduzir, é saber quando conduzir uma reunião.

Há muitos motivos que explicam o excesso de reuniões feitas sem necessidade.

---

1 BARBOSA, Christian. *Programa Reuniões de Resultado.* TRIADPS. Disponível em: <http://triadps.com/Conhecimento/Artigo/268>. Acesso em: 4. de jun. de 2020.

2 BARBOSA, Christian. *Reuniões: a maneira mais barata de cortar custos.* TRIADPS. Disponível em: <http://triadps.com/Conhecimento/Artigo/219>. Acesso em: 4. de jun. de 2020.

Culturalmente, um número grande de reuniões é interpretado pelos gestores como sinal de *status*, uma espécie de demonstração de poder e uma forma de passar a mensagem de que são pessoas importantes e extremamente ocupadas.

Já em outros casos, a reunião acaba sendo usada pelo líder como forma de fugir da responsabilidade da tomada de decisão, ao querer compartilhar situações em que ele deveria estar à frente do problema.

Outra possibilidade não tão rara que eu também já presenciei são as reuniões cujo único objetivo é buscar culpados para algum insucesso ocorrido no trabalho.

E, por fim, o excesso de reuniões pode ser simplesmente o famoso "mais do mesmo", ou seja, são gestores repetindo padrões de comportamento sem avaliar os reais resultados dessas ações. Seria o pensamento típico do "sempre fizeram assim, então vou continuar fazendo".

E, então, como o líder produtivo deve agir em relação às reuniões?

Antes de qualquer coisa, o líder deve avaliar se realmente é necessário reunir as pessoas para esse objetivo, tirando-as de seus afazeres para discutir algum assunto em pauta. Isso porque muitas vezes um simples *e-mail* ou ligação resolveria o problema, sem a necessidade de reunir várias pessoas em um mesmo horário e local.

Agora, caso você avalie que a reunião é realmente necessária, vou mostrar a seguir algumas ações que deixarão suas reuniões mais objetivas e produtivas.

FAÇA REUNIÕES ON-LINE

Sempre que possível, dê preferência para as videoconferências e reuniões *on-line*, pois é uma forma inteligente, prática e econômica de resolver os assuntos à distância, sem a necessidade de deslocamentos e de tirar os colaboradores de seus postos de trabalho.

Hoje em dia, existem diversas ferramentas e plataformas que possibilitam essas interações em tempo real com qualidade, segurança e praticidade.

DEFINA HORÁRIO DE INÍCIO E FIM

Nunca marque uma reunião apenas com horário de início programado. Ao agendar, o líder deve sempre estabelecer um horário de início e fim para a reunião.

Além disso, opte sempre por reuniões mais curtas. Particularmente, eu não gosto de reuniões que ultrapassem 45 minutos.

Quanto menor o tempo disponível de reunião, mais exercemos nosso poder de síntese e mais dificilmente as pessoas desfocam do tema principal.

INFORME PREVIAMENTE O OBJETIVO E A DURAÇÃO

É fundamental que já no convite ou convocação da reunião o líder informe aos participantes qual o objetivo do encontro e o tempo de duração.

Isso permitirá que os participantes já cheguem à reunião com o foco direcionado para o tema do encontro e já sabendo quanto tempo terão para discutir o assunto.

Além disso, sabendo de antemão o objetivo da reunião, cada pessoa poderá fazer uma pesquisa prévia ou preparar algum material que achar pertinente.

CONVIDE APENAS AS PESSOAS NECESSÁRIAS

Nas reuniões, quase sempre menos é mais.

Por isso, evite convidar pessoas que não estejam diretamente envolvidas no projeto em questão, ou que não precisam saber dos pormenores do encontro.

Reuniões com menos pessoas tendem a ser mais objetivas, focadas e produtivas.

Se, por acaso, houver pessoas que precisam apenas estar cientes do resultado da reunião, é mais produtivo informá-las posteriormente com um resumo do que foi discutido, do que propriamente convidá-las a participar do encontro.

PROVIDENCIE TODA ESTRUTURA COM ANTECEDÊNCIA

Quais materiais serão necessários? Você vai precisar de relatórios, planilhas, gráficos, projetor, microfone, *notebook*, documentos e apostilas?

Se sim, relacione e providencie com antecedência tudo o que será usado na reunião.

Eu mesmo já participei de diversas reuniões que se estenderam muito além do necessário por falta de organização e preparação, até mesmo sendo necessário agendar uma nova data.

NÃO PERMITA CONVERSAS PARALELAS

O líder deve cuidar para que a reunião seja a mais produtiva possível, com objetividade e efetividade. Isso inclui trazer os participantes de volta ao foco da discussão toda vez que perceber distrações, conversas paralelas ou brincadeiras em excesso.

Também gosto de pedir para os participantes desligarem seus celulares durante a reunião, pois esse aparelho costuma ser o principal meio de distração e interrupção dos funcionários.

LIDERANÇA PRODUTIVA

Fique atento também ao monitoramento do tempo, para que a reunião não extrapole o horário determinado.

Neste capítulo, você aprendeu ferramentas, técnicas e estratégias para tornar a sua liderança muito mais produtiva, além de proporcionar um ambiente que facilite a geração de resultados acima da média de maneira otimizada, inteligente e natural.

Lembre-se de que o intuito deste livro é ajudar você a conduzir sua equipe aos resultados esperados pela organização. Por isso, o foco dos exemplos e experiências que aqui compartilho são mais direcionados ao mundo corporativo e ao dia a dia no ambiente de trabalho.

No entanto, todas as lições de produtividade que você acabou de aprender podem e devem ser aplicadas também na sua vida pessoal.

Isso contribui com uma vida mais leve, com muito mais equilíbrio e resultados positivos para você e sua família!

Para fechar esse assunto, não deixe de fazer uma autoanálise sobre os assuntos que apresentei nas últimas páginas.

Reflita e, se necessário, discuta com a sua equipe:

1. **Quais são as poucas tarefas que trazem os melhores resultados profissionais para você, conforme viu no Princípio de Pareto?**

2. **Quais tarefas não são importantes e nem urgentes, que você pode eliminar do seu dia a dia e da sua equipe para tornar o trabalho ainda mais produtivo e focado nos resultados da sua organização?**

3. **Quais ações você pode tomar já a partir da próxima reunião para tornar suas reuniões mais produtivas e eficazes?**

CAPÍTULO 9

Capítulo 9
INTELIGÊNCIA EMOCIONAL

**"Use a dor como uma pedra em seu caminho,
não como uma área para acampar."**

Alan Cohen

Não é possível falar de liderança produtiva sem falar de inteligência emocional.

Isso faz com que este seja um dos capítulos mais importantes desta obra, pois se você não tiver essa competência desenvolvida, muito pouco conseguirá aproveitar de tudo o que já aprendeu até aqui.

Uma das primeiras coisas que você aprendeu neste livro é que a liderança deve ser uma escolha consciente e individual, já que ela envolve altos riscos e responsabilidades, certo?

Chegou então o momento de aprender a minimizar esses riscos e enfrentar com confiança e serenidade todas as responsabilidades que seu cargo e posição de líder exigem.

Eu preciso confessar que o que você vai ler neste capítulo é algo que eu gostaria de ter aprendido anos atrás ao iniciar minha trajetória em um cargo de liderança. Tais conhecimentos teriam me poupado de vários aborrecimentos e contratempos, além de economizar minha energia.

LIDERANÇA PRODUTIVA

Hoje, com minha experiência, vejo a importância de desenvolver alguns aspectos que às vezes são deixados de lado pelos líderes mais jovens.

Logo após ser promovido de cargo ou ao começar os trabalhos em uma nova empresa, é comum o líder focar em aprender o quanto antes os aspectos técnicos da nova função, buscando por cursos complementares e formações.

Tudo isso é muito importante, é claro! Mas, apesar de importante, não é o principal.

O que realmente fará a diferença nos momentos difíceis é a capacidade de o líder controlar suas emoções, manter a razão e o discernimento em momentos de crise e tomar decisões assertivas que pessoas comuns não tomariam.

Por isso, agora que já abordamos os aspectos mais técnicos sobre sua comunicação e produtividade, eu quero que, a partir deste capítulo, você dê um próximo passo na sua jornada em direção a se tornar um líder produtivo, que faz a diferença na empresa em que trabalha e é respeitado e admirado por seus liderados.

Em outras palavras, agora que você já desenvolveu os recursos externos, vamos trabalhar os seus recursos internos.

Vou apresentar a você algumas ideias e conceitos que valem para qualquer líder e equipe, independentemente do tamanho da empresa, do ramo de atuação ou da experiência e maturidade do seu time.

Esses conceitos estão relacionados a grandes decisões que o líder tomará e como ele enfrentará as adversidades que certamente aparecerão pelo caminho.

Para conseguir grandes resultados, o líder precisa pensar grande. E para pensar grande, o líder precisa ser grande.

Por isso, eu afirmo, sem medo de errar, que não existe sucesso na liderança sem inteligência emocional. E ainda vou além: a inteligência emocional do líder muitas vezes é mais importante do que o seu preparo técnico-cognitivo.

Você se lembra dos três elementos do CHA – conhecimentos, habilidades e atitudes?

Nós já vimos que o que faz a grande diferença nos resultados práticos são as nossas atitudes, e elas estão muito mais relacionadas ao nosso comportamento emocional do que ao conhecimento técnico.

Ser o líder de um grupo dentro de uma empresa implica em muitos ônus e alguns sacrifícios, e você precisa estar ciente disso todo o tempo.

Ao escrever isso, o meu intuito não é assustá-lo ou desestimulá-lo, pelo contrário. Meu objetivo é treinar e preparar você para os desafios diários na condução da sua liderança produtiva, e para isso eu preciso que você tenha uma mente inabalável.

E quando eu falo em inteligência emocional e mente inabalável não estou querendo dizer que o líder não erra ou fraqueja. Faz parte da inteligência emocional reconhecer nossa humanidade e limitações, assim como ter a humildade de pedir ajuda sempre que necessário.

O líder que é mentalmente forte aprende com os erros, busca soluções na adversidade e tem o foco sempre na solução, e não nos problemas.

Nos meus programas de mentoria e nos treinamentos que ministro em empresas, é perceptível o quanto a mentalidade (e não o conhecimento) do líder é o que conduz o resultado da sua equipe no dia a dia da corporação.

Quando encontro atributos como foco, coragem, entusiasmo, determinação, visão de futuro e empatia reunidos numa mesma pessoa, eu logo reconheço ali um líder na essência, que provavelmente terá êxito à frente de qualquer equipe e em qualquer circunstância.

LIDERANÇA PRODUTIVA

E entre tantas situações desafiadoras que você enfrentará durante sua liderança, uma delas estará presente a todo momento: a sua exposição!

Como líder, você sempre estará na linha de frente do combate, respondendo pelos resultados do seu departamento, pelas metas da empresa e pelos comportamentos dos seus liderados, sejam eles bons ou ruins.

Tudo será responsabilidade sua, direta ou indiretamente.

Você possivelmente será alvo de comentários e julgamentos, e sempre haverá alguém apontando o dedo para criticar seu trabalho, mesmo a maioria dessas pessoas não estando a par das circunstâncias envolvidas nas suas tomadas de decisão.

Na verdade, é exatamente por isso que o líder precisa ser resiliente: para aguentar as cobranças, muitas vezes injustas, e seguir firme em seu propósito de ser um agente de mudanças nas pessoas do grupo, fazendo a diferença também para a organização.

O líder que possui grande poder de focar nos resultados consegue suportar com mais naturalidade os percalços e cobranças do dia a dia, pois ele possui uma visão de longo alcance, em vez de pensar a curto prazo.

Por falar em resultados, eles serão seu maior aliado contra os julgamentos e comentários no dia a dia, pois nenhum argumento contrário resistirá por muito tempo à melhora da *performance* e produtividade do seu time, que refletirá também nas metas financeiras da empresa.

E você se lembra que eu falei que eu gostaria de ter aprendido algumas coisas quando iniciei minha trajetória em um cargo de liderança?

Pois foi pensando nisso que eu preparei para você nas próximas páginas os principais conselhos que eu gostaria de ter recebido naquele momento, e que eu espero que façam a diferença ao longo da sua carreira como um líder de sucesso.

SEJA ALTAMENTE ADAPTÁVEL

Um dos recursos internos mais importantes de qualquer líder é sua capacidade de adaptação.

"As espécies que sobrevivem não são as espécies mais fortes, nem as mais inteligentes, mas sim aquelas que se adaptam melhor às mudanças."

A famosa frase acima, erroneamente atribuída a Charles Darwin, mas de autor desconhecido, não se aplica somente à biologia, mas se encaixa muito bem também no ambiente de trabalho e no mundo corporativo.

A todo instante, o líder terá que lidar com situações imprevistas, que exigem uma correção da rota e uma nova decisão a partir de algo que não estava nos planos. Faz parte da liderança, e você precisa aceitar e se acostumar com isso.

Na verdade, se existe uma coisa na vida que nunca muda, é o fato de que as coisas estão sempre mudando.

Sempre haverá um bom funcionário que desfalcará a equipe porque pediu demissão, ou então um atraso do fornecedor na entrega do pedido, uma queda abrupta na bolsa de valores, um contrato cancelado de última hora, uma multa tributária inesperada ou qualquer outro problema desse tipo.

Pois saiba que situações como essas vão exigir do líder duas coisas: inteligência emocional e capacidade de focar naquilo que ele tem controle, em vez de ficar se lamentando pelo imprevisto ocorrido.

Vou dar um exemplo clássico de como problemas inesperados podem mudar o cenário de uma hora para outra.

Eu não sei em qual época você está lendo este livro, nem em qual data esta obra chegou em suas mãos. Mas quero que saiba que no exato momento em que estou escrevendo estas palavras, a humanidade

LIDERANÇA PRODUTIVA

está passando por uma transformação sem igual nas últimas décadas por conta da pandemia da Covid-19.

Empresas estão fechadas, negócios estão indo à falência, o desemprego cresce numa velocidade assustadora, o isolamento social foi adotado em vários países mundo afora e milhares de pessoas continuam morrendo todos os dias em decorrência do vírus.

Você já imaginou o impacto disso tudo na saúde, na economia, nos negócios, na vida social e no equilíbrio emocional das pessoas?

Ninguém sabe ao certo como será o mundo pós-pandemia, e nem tenho a pretensão de fazer tal análise neste livro. Mas eu quero levar para você esse exemplo, pois é um caso típico da necessidade de adaptação a problemas que estão fora do nosso controle.

Nunca o mundo precisou tanto de lideranças efetivas como agora para ajudar, orientar e conduzir uma grande massa que se encontra assustada e perdida no meio do caos.

Nas empresas, acontece da mesma forma: quanto maior o problema ou a crise, maior a necessidade de o líder exercer o seu papel com maestria. Pense nisso.

SEJA AUTOCONFIANTE

Para conseguir liderar de forma eficiente durante um momento de crise, você precisará de um outro recurso interno muito poderoso: a autoconfiança.

A confiança que os liderados terão no líder é proporcional à confiança que o líder tem nele mesmo. E vou além: os resultados que a equipe terá também serão proporcionais à autoconfiança do líder.

Imagine a seguinte situação: você está no seu ambiente de trabalho e o seu líder chega para apresentar um novo projeto. Se você perceber que o líder está nervoso e inseguro, ou se você sentir que nem mesmo ele acredita 100% no que está dizendo, como você irá reagir?

Qual a chance de uma liderança assim conseguir engajar sua equipe e fazer os colaboradores comprarem sua ideia?

Ao liderar, você precisa ter convicção do que está fazendo. Ter convicção significa sentir internamente que aquilo é verdade e dará certo, mesmo que você não tenha o controle de todas as variáveis.

Talvez você esteja se perguntando como é possível ter essa convicção se não podemos controlar todas as coisas. Pois saiba que essa convicção virá da sua autoconfiança na capacidade de adaptação, já que no fundo o líder produtivo sabe que, se um imprevisto surgir, ele fará os ajustes necessários para atingir os resultados que foram planejados.

Confiança é acreditar no próprio potencial e no potencial da sua equipe. É reconhecer o seu valor como líder e deixar essa energia positiva transbordar para o restante do time.

A confiança é contagiosa!

Um líder confiante e entusiasmado contagia sua equipe com esses mesmos sentimentos, e isso faz com que o grupo eleve seu potencial de realização e trabalhe num grau maior de intensidade.

No entanto, você como líder deve tomar cuidado com os extremos: a falta de confiança limita e impede de crescer; mas o excesso de confiança também é nocivo, pois faz você acreditar que não há mais nada a aprender.

Por isso, busque ser um líder com a confiança na medida exata, ou seja, que acredita em seu trabalho, evolui e aprende ao mesmo tempo.

LIDERANÇA PRODUTIVA

ENTENDA A EMPRESA ONDE VOCÊ TRABALHA

Você já aprendeu que não existe uma fórmula matemática ou um modelo infalível de liderança, pois isso dependerá do contexto, do estilo pessoal do líder e do perfil de seus liderados, além de vários outros fatores.

Com isso, uma dessas variáveis que o líder deve considerar na hora de usar seus recursos internos é o que eu gosto de chamar de consciência organizacional.

A consciência organizacional nada mais é do que o entendimento de como a empresa funciona.

É a soma da sua cultura organizacional, seu estilo, valores, missão, propósito e objetivos.

E por que isso é tão importante?

Porque boa parte das suas decisões serão influenciadas por esses atributos, já que os resultados da sua equipe devem estar alinhados ao que a organização busca alcançar.

Vou dar um exemplo: imagine que você é um técnico de futebol disponível no mercado e há três clubes querendo contratá-lo.

O clube A tem como objetivo ser campeão e está disposto a gastar o dinheiro que for preciso para contratar os melhores jogadores e montar um time de ponta.

Já o clube B tem como objetivo principal aumentar sua popularidade e expandir o nome da instituição, aumentando o número de sócios-torcedores e o deixando conhecido internacionalmente, principalmente entre o público mais jovem.

Já o clube C busca aumentar o caixa e melhorar sua saúde financeira, priorizando a revelação de jogadores das categorias de base, com o objetivo de valorizá-los e depois vendê-los por um bom dinheiro para o exterior.

Você concorda que as decisões do técnico e a forma de conduzir o time seriam diferentes em cada um desses clubes?

Pois saiba que o mesmo acontece com um líder dentro de uma empresa.

Além de desenvolver suas habilidades técnicas e comportamentais, é preciso que você se empenhe em adquirir essa consciência organizacional o mais rápido possível, a fim de se tornar realmente o líder que a companhia espera e precisa.

E como fazer para adquirir essa consciência organizacional?

Existem várias maneiras.

Uma delas é observar o comportamento das pessoas, principalmente aquelas com mais tempo de empresa e com os cargos mais altos. Fique atento às falas e ações dessas pessoas, pois certamente elas refletirão, em grande parte, a cultura organizacional daquele local.

Outra forma de conhecer mais sobre a empresa é por meio de pesquisas. Busque informações no *site* oficial da companhia e acompanhe as publicações da empresa nas redes sociais. Isso fará com que você entenda melhor os produtos e serviços da empresa e a maneira como ela se comunica com seus clientes.

Por fim, uma outra maneira é conversando diretamente com as pessoas certas. Na verdade, essa talvez seja a forma mais eficiente de adquirir a consciência organizacional.

Para fazer isso, pergunte aos seus superiores imediatos quais resultados e comportamentos a empresa espera de você e da sua equipe.

Não tenha medo de ir direto à fonte. Converse de forma direta e transparente com qualquer pessoa que possa ajudá-lo a entender e a atingir os resultados que esperam de você.

LIDERANÇA PRODUTIVA

ENTENDA QUE ANTES DE MELHORAR, PIORA

Toda grande mudança é precedida pelo caos.

A frase acima é uma verdade que eu vejo se confirmar o tempo todo, seja na esfera social, pessoal, financeira, profissional ou corporativa.

Mesmo que a mudança seja para algo melhor, o simples fato de mudar já tira a pessoa da sua zona de segurança, fazendo com que ela deixe de viver da forma com a qual estava acostumada e tenha que enfrentar um período de adaptação, aprendizado e incertezas.

Imagine que você se mudou para a casa dos seus sonhos: uma casa mais ampla, espaçosa, mais bonita e mais confortável. Se eu for visitá-lo em seu novo endereço no dia seguinte à mudança, como eu vou encontrar você e a sua nova casa?

Provavelmente a casa estará bagunçada e cheia de caixas espalhadas. Você estará meio perdido, desorientado e tendo que lidar com novas situações com as quais não está acostumado.

A mesma coisa ocorre quando alguém é promovido no trabalho, com o jovem que iniciou uma faculdade ou o casal que teve o primeiro filho, por exemplo.

São mudanças que, mesmo sendo positivas, geram um período de turbulência e desconforto antes de começar a perceber os bons resultados.

Você provavelmente já ouviu falar que entre dois morros há sempre um vale. O líder produtivo precisa compreender e aceitar esse fato se realmente quiser implementar mudanças que irão melhorar o desempenho e os resultados gerados por sua equipe.

Só assim, com essa compreensão, você conseguirá enfrentar o vale e passar com serenidade pela turbulência que antecede a chegada ao topo da montanha.

Em minha experiência profissional, já presenciei vários casos em que o gestor aceitava permanecer com um resultado medíocre pelo simples fato de não querer enfrentar o período da mudança, em que as coisas pioram antes de melhorar. Você já vivenciou algo semelhante?

Líderes assim, que são resistentes a mudanças e evitam o desconforto a qualquer custo, não vão muito longe em suas carreiras.

Por isso, se você quer ser um líder produtivo e de sucesso, encare as situações difíceis como um desafio a ser superado e um degrau a mais na subida em direção ao nível mais alto da sua trajetória profissional.

Entenda que a maioria dos processos na vida é cíclica, e por mais que você se prepare e planeje sua carreira, em alguns momentos parecerá que ela saiu dos trilhos. Sua carreira e sua liderança nunca serão uma linha reta, mas sempre ascendentes. Faz parte da inteligência emocional do líder saber lidar com essas oscilações.

NÃO FAÇA MUDANÇAS DRÁSTICAS DE UMA VEZ

Você acabou de ver que um bom líder não deve ter medo de fazer mudanças e de enfrentar situações difíceis, certo?

No entanto, isso não significa que as grandes mudanças devam acontecer de uma só vez. Geralmente, o resultado é bastante negativo quando isso ocorre, e infelizmente esse é um erro comum, principalmente com um líder recém-promovido ou que acabou de chegar à empresa.

Pense em uma casa bem antiga e mal conservada, que necessite de vários reparos.

Se você recebesse a incumbência de reformar toda essa casa, como seria se você agendasse para o mesmo dia o serviço do pedreiro, do pintor, do encanador e do eletricista?

LIDERANÇA PRODUTIVA

Como seria todos esses profissionais trabalhando na casa ao mesmo tempo?

Como se sentiriam os moradores numa situação dessas?

Muitas vezes, o mesmo acontece dentro das empresas. Há situações em que o novo líder se depara com tantas coisas erradas e que precisam ser corrigidas que ele quer mudar tudo ao mesmo tempo, de uma só vez. Mas isso não irá funcionar.

Você deve optar pelo caminho do meio, ou seja, não ficar paralisado diante de tantas mudanças a fazer e nem querer mudar tudo ao mesmo tempo.

Lembre-se de que as pessoas, de modo geral, são resistentes a mudanças.

Por isso, por mais que realmente haja a necessidade de fazer muitas alterações no seu departamento e na forma de se trabalhar da sua equipe, é mais inteligente e eficaz focar em uma mudança por vez. Assim, os colaboradores poderão se adaptar gradativamente aos novos procedimentos e regras, e o líder vai adicionando aos poucos o seu jeito de trabalhar.

Se as mudanças forem muitas e de maneira abrupta, isso assustará os colaboradores e você poderá até mesmo perder o comando e o apoio da sua equipe, aumentando a insatisfação e reduzindo o comprometimento e a produtividade do grupo.

Ao atingir um novo cargo ou chegar a uma empresa para trabalhar com uma nova equipe, sua primeira preocupação como líder deve ser entender o ambiente e a empresa (consciência organizacional), compreender o funcionamento atual do departamento e conhecer as características de cada membro do grupo.

Feito isso, aí sim você terá condições de analisar o que precisa ser corrigido para desenhar e implementar um plano de ação.

Falando dessa forma, talvez você fique com a impressão de que esse tempo de estudo do ambiente e entendimento do cenário atual seja algo moroso que levará muito tempo.

Mas, na prática, bastam poucas semanas ou até mesmo poucos dias, e você já terá as informações suficientes para começar a transformar sua equipe em um time altamente produtivo, engajado e comprometido.

Por isso, líder, entenda que quando falamos em mudanças profundas, a direção certa e a consistência valem muito mais do que a velocidade das suas ações.

GERENCIE OS POSSÍVEIS CONFLITOS DA SUA EQUIPE

Outro ponto importante sobre os recursos internos de um líder produtivo é a forma como ele deve enxergar e administrar possíveis conflitos na equipe que lidera.

Quando você cria um ambiente em que há liberdade e até um certo incentivo para que as pessoas opinem e participem das decisões, é normal que haja divergências de ideias, às vezes até de forma mais acalorada.

Quanto maior a autonomia que cada membro do grupo possui, maiores as chances desses conflitos ocorrerem.

Mas o grande ponto que eu quero deixá-lo ciente é que essas divergências não são necessariamente ruins. Pelo contrário!

Uma certa desordem dentro da equipe, além de ser um sinal de que todos estão engajados querendo participar, pode ajudar a trazer novas ideias, *insights* e soluções de problemas.

Veja bem: quando eu falo em desordem, estou me referindo a discussões sadias, debates, divergências de opiniões e questionamentos.

LIDERANÇA PRODUTIVA

Quanto mais inquieto e questionador for o grupo, maior o seu potencial de gerar soluções criativas.

Obviamente há que se ter um limite regido pela boa convivência, com respeito e educação sempre. Mas a inquietude e um certo grau de inconformismo na equipe são fatores que impulsionam uma busca constante por melhorias, aumentando assim a produtividade e os resultados dessa equipe.

O conformismo não gera melhorias. O inconformismo, sim.

Pense por um instante em duas pedras que estão paradas uma ao lado da outra. Como não há nenhum tipo de interação entre elas, nada acontece. Mas se por acaso uma pedra se chocar contra a outra, então teremos um atrito ocasionado por essa colisão e, consequentemente, esse atrito irá gerar energia.

O mesmo fenômeno ocorre com sua equipe, dentro de um ambiente corporativo. O atrito causado por uma divergência irá gerar energia que, se for bem utilizada, poderá potencializar os resultados daquele time.

Portanto, o seu papel como líder não é evitar o atrito na equipe a qualquer custo, mas sim garantir que a energia gerada pelo atrito seja canalizada em direção aos objetivos em comum do grupo.

Como exemplo, podemos citar qualquer esporte coletivo.

Ao analisar a trajetória de um time campeão, encontraremos vários episódios em que os jogadores discutiram entre si. Essas situações de ânimos mais exaltados são comuns, principalmente em momentos importantes e de grande pressão. Mas, ao final, essas divergências unem ainda mais a equipe e todo esse ímpeto é direcionado para o objetivo do grupo.

Por outro lado, eu não me lembro de times campeões em que os jogadores eram todos passivos, calados e conformados.

Pense nisso e gerencie os possíveis conflitos da sua equipe da forma mais adequada, canalizando essa energia em direção ao alcance dos objetivos em comum.

SEJA O PORTA-VOZ DA SUA EQUIPE

Ser um líder produtivo implica não apenas em trabalhar a sua produtividade pessoal e a de seus liderados, mas também em criar um ambiente propício para que o trabalho flua de maneira dinâmica, natural e otimizada.

Como líder, você deve se preocupar em disponibilizar as melhores condições para o aumento da *performance* do seu time, seja fornecendo informações, espaço físico, recursos tecnológicos, ferramentas de trabalho, organização do ambiente, plano de carreira, reconhecimentos e premiações, entre outros.

Você já imaginou um marceneiro que precisa fazer os móveis, mas não dispõe da madeira como matéria-prima para trabalhar? Ou então que possui a madeira, mas não tem as ferramentas que precisará para cortá-la? Ou então que não tem o espaço físico suficiente para executar um trabalho de qualidade?

Toda reivindicação, reclamação ou sugestão dos colaboradores deve ser analisada pelo líder para ver se faz sentido e se é algo que vai ajudar no aumento da produtividade e satisfação profissional dele.

Se for, esforce-se ao máximo para conseguir.

Isso não quer dizer que, como líder, você deve virar refém da sua equipe e providenciar tudo o que pedem a você, sem critérios. No entanto, toda ação que traz mais satisfação, conforto e agilidade para o funcionário costuma ser um bom investimento de médio e longo prazos.

Nem tudo deve ser aceito, mas tudo deve ser considerado. Essa é a regra que guia os bons líderes.

Quanto mais a sua equipe sentir que você "briga" por ela e se importa com seu bem-estar, mais engajado e comprometido o grupo será, e isso certamente irá se traduzir em aumento de produtividade.

Além disso, quanto melhores forem as condições de trabalho que você oferece à sua equipe, mais poderá cobrá-la por desempenho, já que todos os recursos que necessitam estarão disponíveis.

Eu sei que, na prática, muitas dessas condições ideais de trabalho esbarram nas regras do RH e da empresa, principalmente as que se referem a bonificações e salários.

No entanto, o líder é uma voz importante que a diretoria costuma escutar, e é possível conquistar muitas melhorias para o seu departamento com uma boa comunicação e os argumentos certos.

Ademais, independentemente das regras e das limitações da organização, o líder pode criar mecanismos para que o bom desempenho do liderado seja sempre reconhecido e premiado de alguma forma, mesmo com ações mais simples e não oficiais.

Agora, aqui vai uma informação que vale ouro: **as coisas que as pessoas mais valorizam no trabalho estão nas mãos do líder, e não da empresa.**

Muitos gestores, de forma equivocada, acreditam que o salário é a principal preocupação de um funcionário e a melhor forma de motivar um colaborador.

No entanto, os estudos mostram o contrário. Há várias pesquisas que buscam entender quais são os principais motivadores profissionais das pessoas, e por mais que entre uma pesquisa e outra a posição do quesito "salário" varie um pouco no *ranking*, ele nunca é apontado como um dos principais motivadores.

Para falar a verdade, a relação entre salário e *performance* profissional é muito fraca.

Na prática, o que se percebe é que o aumento de salário tem um efeito de curta duração no aumento da motivação e *performance* do colaborador. Logo ele se adapta ao novo salário e sua motivação e rendimento voltam ao padrão anterior.

Com isso, se o que acontecia antes era uma insatisfação por conta de outros fatores, a pessoa logo retornará a baixos níveis de produtividade.

Em compensação, há outros motivadores profissionais que muitas vezes aparecem à frente do salário, tais como:

- reconhecimento;
- bom relacionamento com colegas;
- possibilidade de crescimento profissional;
- segurança e estabilidade no trabalho;
- comunicação eficiente;
- liderança inspiradora.

Repare que a maioria dos motivadores acima depende exclusivamente da atuação do líder. Por isso mesmo, eu sempre fico desconfiado quando vejo alguém dizendo que sua equipe não é engajada porque a empresa paga mal.

É claro que não estou defendendo que os colaboradores não tenham uma remuneração justa e adequada. Obviamente o dinheiro é muito importante, sendo um dos elementos que irão influenciar na satisfação e rendimento profissional.

O que eu quero que você entenda é que dinheiro não é o único fator que seu liderado leva em consideração, e por isso não pode ser usado como justificativa para o líder deixar de atender as outras necessidades da sua equipe.

LIDERANÇA PRODUTIVA

Tudo o que está no entorno de cada colaborador e interfere em seu desempenho, direta ou indiretamente, faz parte do campo de atuação da liderança.

O líder produtivo precisa se preocupar em criar um ambiente seguro, onde cada integrante do time se sinta confortável para dar sugestões, propor melhorias e desempenhar suas funções de maneira eficiente e produtiva.

Nesse ambiente seguro criado pelo líder, a cooperação mútua passa a ser um *modus operandi* do departamento, e não apenas uma ação isolada e pontual.

Por isso, seja o porta-voz da sua equipe e busque valorizar o trabalho de todos, e você verá a mudança no comportamento e nos resultados alcançados pelo seu time.

BUSQUE SEMPRE POR CONHECIMENTO E RESULTADO

Todo bom profissional sabe que seus estudos durante a vida não terminam assim que ele finaliza um curso superior.

Enquanto você estiver com saúde e trabalhando, você deve estar sempre pronto a aprender e melhorar, seja com a experiência prática do dia a dia ou então em estudos formais, como cursos, especializações e formações em geral.

Antigamente, ter uma graduação completa já era motivo de segurança e estabilidade profissional, com grande chance de a pessoa fazer carreira dentro de uma empresa por muitos anos.

Hoje em dia, no entanto, a alta competitividade, as constantes mudanças sociais e o avanço tecnológico exigem do profissional moderno que ele esteja sempre se atualizando e adquirindo novos conhecimentos.

Com o líder produtivo não é diferente.

Para estar à altura da sua responsabilidade frente a um grupo, você precisa ser uma pessoa ávida por conhecimento, desenvolvimento e resultados.

Gosto de enfatizar a importância dos resultados, pois é comum encontrar profissionais que são viciados em estudos, formações e diplomas, mas que não aplicam o conhecimento que adquiriram.

O bom líder é aquele que se preocupa em aprimorar seus conhecimentos técnicos e comportamentais, pois os dois sempre andam juntos. No entanto, depois de adquirir o conhecimento, ele deve transportá-lo para a sua realidade pessoal e profissional, para que o conhecimento se transforme em resultados concretos e objetivos alcançados.

E qual a melhor forma de estar sempre se aprimorando do jeito certo?

Não existe uma única resposta para essa pergunta. Mas eu sempre sugiro aos meus clientes que façam o que eu chamo de PDPC – Plano de Desenvolvimento Pessoal Contínuo.

O PDPC é composto por três etapas:

1. Identificar qual o problema que você quer resolver ou a meta que quer alcançar.

2. Identificar qual comportamento ou habilidade falta para você atingir esse resultado.

3. Montar um plano de ação focado e realista para adquirir o que falta.

• Etapa 1

Liste quais os resultados que você ainda não tem, mas que gostaria de alcançar, pois fariam uma diferença significativa em sua vida. Ou, então, em vez de pensar em resultados a conquistar, também pode listar alguns problemas atuais que estão impedindo você de crescer profissionalmente.

LIDERANÇA PRODUTIVA

Seguem alguns exemplos:

- Falar inglês fluentemente;
- Aumentar as vendas do departamento em 20%;
- Eliminar oito quilos nos próximos seis meses;
- Contratar um novo coordenador de equipe;
- Reduzir em 15% os custos fixos da empresa;
- Expandir o negócio nas plataformas digitais.

• Etapa 2

Aqui nesta etapa está o grande segredo da eficiência do PDPC. Em vez de ficar se lamentando do problema ou então apenas sonhando com um resultado melhor, você irá identificar o que precisa acontecer para que essa conquista se materialize.

Para isso, basta fazer a si mesmo a seguinte pergunta: "O que falta para que eu... (colocar aqui o resultado que você busca)?". Então, você irá se perguntar:

- O que falta para eu falar inglês fluentemente?
- O que falta para eu aumentar em 20% as vendas do departamento?
- O que falta para que eu elimine oito quilos nos próximos seis meses?
- O que falta para eu poder contratar um novo coordenador de equipe?
- O que falta para conseguir reduzir em 15% os custos fixos da empresa?
- O que falta para expandir meu negócio nas plataformas digitais?

Você perceberá que suas respostas serão em termos de aquisição de conhecimentos e habilidades ou mudanças de atitude.

Com isso, anote essas respostas.

• **Etapa 3**

Na terceira etapa do PDPC, você transformará as respostas da etapa 2 em um plano focado e consistente, até esse "o que te falta" ter sido adquirido.

Pode ser que essa aquisição ocorra por meio de um curso, treinamento, consultoria, *Coaching*, novos hábitos, leitura de um livro, ajuda de um mentor ou qualquer outro meio.

Mas tome cuidado para não colocar aqui ações que exijam um sacrifício muito grande e que você não conseguirá manter por muito tempo. Estabeleça um plano direcionado, consistente e realista para adquirir a competência que falta.

Vamos então montar o seu PDPC?

Preencha a tabela a seguir e se programe para entrar em ação. Em pouco tempo, você perceberá resultados maravilhosos acontecerem no seu trabalho e em sua vida!

Problema a resolver/ meta a alcançar	O que me falta para conseguir	Plano de ação realista e focado

LIDERANÇA PRODUTIVA

Líder, além de você preencher o seu Plano de Desenvolvimento Pessoal Contínuo, eu sugiro que você incentive cada um dos seus liderados a ter o seu próprio plano.

Eu falo em incentivar porque, como o próprio nome diz, o PDPC é algo pessoal. Você pode cobrar para que sua equipe faça os treinamentos e cursos referentes ao trabalho dela, mas o interesse em se aprimorar e estar sempre atualizado deve partir do próprio funcionário. Isso deve ser uma decisão pessoal dele, da mesma maneira que você tomou a decisão de ser um líder.

Todo líder produtivo almeja crescer na carreira busca por novos conhecimentos e se prepara para se tornar um profissional altamente capacitado e desejado no mercado.

Com a velocidade das mudanças e o avanço cada vez maior da tecnologia, uma das principais características de qualquer líder é ser treinável, ou seja, ser um líder que consegue aprender algo novo.

Para isso, é necessário que você desapegue de tudo aquilo que aprendeu até agora e esteja sempre aberto a novos conhecimentos e maneiras de trabalhar.

ALEXANDRE GABOARDI

Tudo muda muito rápido, o tempo todo. Independentemente da área em que você se formou, é bem provável que boa parte do que você aprendeu na faculdade esteja obsoleto e fora de uso.

Essa ferramenta que apresentei vai ajudá-lo a entrar em ação da maneira certa, naquilo que realmente está faltando a você para atingir o seu próximo nível como líder.

Não espere estar tudo perfeito para começar. Comece de onde você está e com os recursos que tem no momento. O dia perfeito é o dia que você cria coragem de fazer o que deve ser feito!

Entenda que os seus resultados só irão mudar de verdade quando você começar a ter foco e disciplina, além de gerenciar melhor seu tempo.

Ou você diminui os seus sonhos ou você aumenta suas habilidades. A decisão é sua!

E eu espero, sinceramente, que você escolha a segunda opção.

CELEBRE AS PEQUENAS VITÓRIAS

Por mais que o objetivo final do líder seja atingir (e superar) os resultados estipulados pela organização por meio de sua equipe, é fundamental que você desfrute do caminho e aproveite a jornada.

Quando você se preocupa apenas com o destino final, você deixa de perceber situações maravilhosas que acontecem durante a viagem. E é nesse meio do caminho, em busca do resultado final, que os relacionamentos se fortalecem, a cooperação da equipe aumenta e o dia a dia passa a ser menos desgastante.

Ambientes leves e alegres são mais produtivos.

Alegria não significa falta de foco ou irresponsabilidade. É apenas uma maneira inteligente de gastar menos energia física e mental,

LIDERANÇA PRODUTIVA

trazendo momentos de descontração para a rotina de trabalho e estreitando laços com o seu time.

Lembro-me de uma vez que fui visitar um diretor de uma empresa parceira, para uma reunião que tínhamos agendado. Ao chegar lá, fui recepcionado e conduzido até uma sala, onde esse diretor participava de uma pequena confraternização com sua equipe.

Ele gentilmente me convidou a participar da confraternização e disse que em dez minutos já iríamos para uma outra sala reservada para nossa reunião.

A fim de interagir, eu perguntei quem estava fazendo aniversário, e ele respondeu que ninguém. Em seguida, eu falei: "Então vocês devem ter batido uma grande meta para estarem comemorando...".

E esse diretor respondeu: "Na verdade, esta semana foi particularmente difícil em termos de resultados. Mas nós sempre fazemos esta rápida confraternização toda sexta-feira, para agradecer pela semana que passou, recuperar as energias e para nunca nos esquecermos de que somos um time unido e esse é o nosso grande diferencial!". Aquela resposta mexeu comigo.

Apesar de eu ter ficado constrangido, sentindo-me um tolo por ter perguntado aquilo, eu acabava de receber um dos maiores ensinamentos práticos de como usar a liderança para deixar o ambiente de trabalho mais leve e acolhedor.

E, de fato, a equipe dessa empresa obtinha resultados significativos de forma consistente, com uma taxa de retenção de talentos realmente impressionante. Dificilmente quem trabalhava lá queria sair para atuar em outro local.

Você, como líder, não precisa necessariamente promover uma pequena festa toda sexta-feira. Mas certamente encontrará mecanismos para elogiar, agradecer e interagir com sua equipe com mais frequência.

É bastante comum que as pessoas acabem se acostumando e se acomo-

ALEXANDRE GABOARDI

dando com as situações de rotina, e por vezes se esqueçam de celebrar pequenas vitórias, reparando apenas naquilo que saiu errado.

Para deixar a caminhada menos árdua e melhorar seus relacionamentos, busque valorizar as coisas boas mesmo nos detalhes, e seja menos crítico consigo mesmo e com os outros.

Isso vale não apenas para o trabalho, mas também para sua vida pessoal.

ALIMENTE-SE DE BOAS NOTÍCIAS

Uma outra questão muito importante para você elevar sua inteligência emocional e desenvolver seus recursos internos é estar sempre em contato com pessoas e notícias positivas.

Já aconteceu de você estar conversando com pessoas que só reclamam, e depois de um tempo você se sentir desanimado e sem energia? Ou então o inverso, de você conversar com alguém superanimado e isso colocá-lo para cima?

O tempo inteiro nós somos influenciados pelo ambiente externo que nos rodeia, seja uma pessoa, uma imagem, som, notícia ou evento.

Portanto, quanto mais se blindar de notícias ruins e pessoas negativas, e mais contato tiver com tudo que engrandece você, mais energia e força mental terá para cumprir o seu trabalho.

Os problemas no trabalho e as situações desgastantes serão inevitáveis, principalmente quando você está em uma posição de liderança. No entanto, isso não precisa e não deve ser reforçado com mais situações negativas, que você tem o controle para as evitar.

Imagine um líder que levanta pela manhã e já pega o celular para olhar as redes sociais, que estão recheadas de lamentações e futilidades.

Depois, esse líder dá uma olhada nas notícias de capa do jornal e matérias da *Internet*, falando de violência, corrupção e mortes. E, por fim, vai para o trabalho com o rádio sintonizado em mais notícias ruins.

De que forma esse líder chegará ao trabalho para comandar sua equipe? Como estará sua energia e seu entusiasmo?

A sua saúde e sua disposição física são em grande parte determinadas pelos alimentos que você consome, certo?

Pois saiba que o mesmo acontece com sua mente: toda situação externa que você manda para dentro da sua mente é a forma como você a alimenta.

Por isso, permita-se fazer uma reflexão: como seriam os resultados da sua liderança se você trocasse os maus alimentos da mente por bons alimentos?

Que impacto isso teria na sua produtividade e nos resultados da sua equipe?

Experimente trocar:

- **redes sociais por leitura de bons livros;**
- **tempo de TV por estudos;**
- **pessoas que reclamam e se fazem de vítimas por pessoas alegres, bem-humoradas e inspiradoras;**
- **noticiários violentos por tempo com a família;**
- **reclamação por gratidão;**
- **sofá por atividade física;**
- **barulho excessivo por meditação.**

Aos poucos, vá trocando os alimentos da sua mente e cuidando do seu ambiente. Se preferir, use a ferramenta PDPC para ajudar nesse processo de mudança. Faça esse teste e depois veja a diferença nos seus resultados.

Já faz alguns anos que eu praticamente não assisto noticiários e nem TV aberta. E posso garantir que isso fez uma diferença enorme na minha saúde mental, no meu rendimento e foco no trabalho, e também na forma como encaro e gerencio todas as minhas atividades e tudo o que me acontece.

Talvez você esteja se perguntando: "Mas, Alexandre, então como você faz para se atualizar do que está acontecendo no mundo?".

Acredite em mim: o que realmente importa saber acaba chegando até você de uma forma ou de outra. E dessa forma você ainda evitará se expor desnecessariamente a notícias negativas que só drenam sua energia e fazem você se sentir mal.

"Mas e quando estamos lidando com uma pessoa ou situação negativa da qual não podemos evitar?"

Sim, isso certamente irá acontecer, e faz parte do seu trabalho resolver problemas e lidar com eventos negativos e desconfortáveis.

Como falei há pouco, ter uma mente nutrida com coisas positivas já ajudará você nessas situações. Mas quero apresentar aqui mais uma técnica para que use nos momentos mais desafiadores, quando estiver se sentindo no olho do furacão.

Esta técnica consiste no uso de âncoras.

Sabe quando você sente um cheiro que faz lembrar com saudades do bolo que sua avó fazia? Ou quando escuta uma música que lembra a sua infância e você imediatamente sorri? Ou ainda quando só de olhar para alguém que você não gosta já começa a dar um mal-estar?

Tudo isso são âncoras.

LIDERANÇA PRODUTIVA

Âncora, nesse contexto, é qualquer estímulo externo que desperta em você uma sensação interna, seja ela boa ou ruim. É tudo aquilo que você vê, ouve ou sente e que o seu cérebro associa a algo que você já vivenciou, trazendo aquela sensação à tona novamente.

Essas âncoras podem aparecer para você de forma involuntária, como nos exemplos que eu dei anteriormente, mas também podem ser acionadas propositalmente, a fim de mudar o seu estado emocional em uma situação de adversidade.

Escolha uma âncora positiva para ser o seu amuleto, algo que você possa acessar de maneira fácil e rápida, e que tenha o poder de mudar automaticamente o seu estado emocional, ou pelo menos amenizar a sensação ruim de uma situação específica que esteja enfrentando.

Não existe uma regra para definir qual será sua âncora. Essa escolha é algo muito pessoal, e pode ser uma música, uma foto do seu filho na carteira, um fundo de tela no computador que faça você lembrar da melhor viagem da sua vida, ou qualquer outro símbolo que sirva como um estímulo que irá disparar em você essa sensação positiva.

Essa técnica é muito utilizada por esportistas de alto rendimento, por palestrantes antes de subir no palco ou por empresários antes de entrar em uma reunião importante de negócios.

Ao fazer uso da técnica da âncora e passar a alimentar sua mente com coisas boas, você logo perceberá que sua vibração estará diferente, focando em coisas positivas e realizando muito mais no seu trabalho.

Acima de tudo, esse seu novo estado emocional impactará no estado emocional da sua equipe, pois da mesma forma que somos influenciados por outras pessoas, também temos o poder de influenciar e alterar o ambiente ao nosso redor.

COMO VENCER O MEDO?

Liderar muitas vezes dá medo. Principalmente se você está no cargo de liderança há pouco tempo ou se assumiu um desafio diferente em uma nova equipe ou empresa.

Com isso, você pode já ter se perguntado: como vencer o medo de forma que ele não me atrapalhe no dia a dia?

Bem, antes de responder a essa pergunta e fornecer a você algumas técnicas poderosas, eu preciso que entenda duas coisas importantes.

A primeira delas é que sentir medo é algo natural e não acontece só com você. Não sinta culpa por aquele frio na barriga, pela ansiedade e a mão suando na hora que você estiver exercendo o seu papel de líder.

Isso tudo é normal e perfeitamente natural. Você só deve tomar cuidado para que esse medo não abale sua confiança interna a ponto de sua equipe enxergá-lo como um líder fraco e inseguro.

Para ajudar, eu vou contar a você uma tática bem simples que eu uso para ressignificar o medo, e que aprendi anos atrás com um mentor.

Certa vez, ao perceber que eu estava com medo por conta de um grande desafio profissional, esse mentor disse: "Alexandre, esse medo que está sentindo agora é sinal de que você está fazendo algo extremamente relevante. Ninguém sente medo ao fazer o básico, o trivial, ou aquilo que não tem importância nenhuma".

Por mais simples que seja esse ensinamento, ele fez grande diferença para mim e trago isso comigo até hoje. Toda vez que sinto medo de um desafio, eu penso: "Se estou com medo, é porque isso é importante e deve ser feito".

Pensar assim tem ajudado muito em minha vida e eu espero que ajude você também.

LIDERANÇA PRODUTIVA

O segundo ponto que quero trazer aqui é que o medo dificilmente será eliminado, mas ele pode ser controlado.

Aquilo que chamamos de coragem não é a ausência de medo, mas sim domínio sobre os próprios medos. Pessoas corajosas agem apesar do medo, e não porque não sentem medo. Consegue perceber a diferença?

O medo, aliás, é algo benéfico muitas vezes. Em sua essência, o medo ajuda a sermos precavidos e cautelosos, nos preservando de perigos. Uma pessoa que não tem medo de nada torna-se irresponsável e inconsequente.

Isso quer dizer que o medo nos impõe limites para nos proteger, e não há nada de mal nisso.

No entanto, o medo passa a ser prejudicial quando ele está em excesso. Quando ele deixa de proteger e começa a paralisar, impedindo você de crescer profissionalmente e de tomar as ações que deve tomar, ele passa a atrapalhar em vez de ajudar.

Nas minhas próprias experiências nas empresas, eu já presenciei muitos líderes que eram altamente capacitados tecnicamente, mas que fracassaram por conta de um medo paralisante.

Você deve estar se perguntando agora: "Como fazer então para dominar esse medo em excesso?".

É isso que você vai ver a partir de agora nos próximos quatro tópicos.

SEJA MAIOR QUE OS SEUS PROBLEMAS

O medo geralmente está mais relacionado ao tamanho do indivíduo do que ao tamanho do problema.

Isso quer dizer que quanto mais você se prepara para desempenhar bem o seu papel de liderança, menos medo você sente.

Você já viu, por exemplo, a importância de estar sempre estudando e se aperfeiçoando, certo?

Assim como a necessidade de alimentar sua mente com pessoas e situações positivas.

Portanto, aplique esses conceitos e seja maior que os seus problemas. Quanto mais você se desenvolve técnica e emocionalmente, menos motivos seu cérebro enxerga para sentir medo, pois ele se sente confiante e preparado o suficiente para enfrentar grandes desafios.

PERGUNTE A SI MESMO: VOCÊ TEM MEDO DE QUÊ?

Sentir medo é natural, conforme você acabou de ver.

No entanto, você já parou para pensar do que exatamente você tem medo?

Essa é uma pergunta que já fiz a alguns clientes, e geralmente eles olham para mim pensativos, sem saber o que responder.

Quando você não sabe exatamente o que você teme, o medo passa a ser uma sensação abstrata, como se você estivesse lutando contra um inimigo invisível. Isso tira boa parte do seu controle sobre a situação, fazendo o medo aumentar.

Mas ao identificar a razão do seu medo, você ganha o poder de focar na solução e planejar quais serão suas ações caso o motivo daquele medo se realize.

Portanto, pergunte para si mesmo: "Do que exatamente estou com medo?".

Depois, responda: "Se isso realmente acontecer, o que terei que fazer para resolver?". Veja com atenção os dois exemplos a seguir:

LIDERANÇA PRODUTIVA

- *"Estou com medo da diretoria não gostar da minha apresentação do projeto".*

Se isso realmente acontecer, vou perguntar e entender quais pontos exatamente não atenderam às expectativas e o que eles esperam no lugar disso, para que eu providencie as alterações necessárias.

- *"Estou com medo da minha equipe não ter os conhecimentos e recursos necessários para atender a essa nova demanda do cliente".*

Se isso realmente acontecer, vou analisar quais recursos e conhecimentos precisam ser adquiridos, qual seria o custo disso e quanto tempo levaria. A partir daí, vou redefinir as prioridades para conseguir atender o cliente, nem que eu tenha que negociar um prazo maior ou então terceirizar parte do serviço.

Perceba que quanto maior o conhecimento sobre o seu medo, mais controle das ações você terá, e isso consequentemente ajudará a reduzir esse medo.

BUSQUE REFERÊNCIAS NO PASSADO

O líder produtivo age no presente, com a cabeça no futuro, mas buscando referências do passado.

Lembre-se de todos os problemas que você já enfrentou até hoje e que conseguiu superá-los para chegar na posição em que você está atualmente.

Então, quando você estiver com medo de uma determinada situação, busque na memória outras situações parecidas com essa que já aconteceram no passado, e lembre-se de como elas foram resolvidas.

Isso porque muito provavelmente esse problema do qual você tem medo já aconteceu anteriormente na empresa ou até mesmo com você. E se ele já foi resolvido uma vez, pode ser resolvido de novo.

É possível também que você perceba que já passou por situações muito piores do que essa que hoje você teme, e ter essa consciência fará com que esse medo diminua e não paralise.

TENHA MENTORES

O líder não é obrigado a saber tudo e nem ter todas as respostas de imediato.

Por isso, um bom líder produtivo sabe que precisará de ajuda e faz questão de ter por perto um ou mais mentores, que vão auxiliar nos momentos mais críticos e importantes da sua carreira.

Aliás, esse é um ponto em comum em praticamente todas as pessoas de sucesso: elas possuem mentores.

Busque ter por perto pessoas experientes na área em que você atua, de preferência que estejam alguns passos à sua frente. Contrate profissionais que já trilharam o caminho que você está trilhando agora, e que hoje estão numa posição em que você futuramente quer estar.

Ter um mentor fez uma diferença enorme na minha carreira e eu tenho certeza de que fará na sua também!

CAPÍTULO 10

Capítulo 10

DESAFIOS DA LIDERANÇA

"O melhor líder não é necessariamente aquele que faz as melhores coisas. Ele é aquele que faz com que pessoas realizem as melhores coisas."

Ronald Reagan

A té aqui, você já viu a importância de ser adaptável, autoconfiante, ter consciência organizacional, buscar melhoria contínua, blindar-se da negatividade, controlar seus medos, entre tantas outras coisas importantes que ajudarão a ter maior inteligência emocional.

Mas eu preciso dizer que, mesmo desenvolvendo todo esse arsenal de recursos internos, você passará por momentos difíceis e situações desafiadoras durante o exercício da sua liderança. Isso é tão certo quanto o ar que respiramos!

Por esse motivo, eu quero listar a partir de agora os maiores desafios pelos quais um líder passa, baseados na minha experiência profissional e no relato de clientes que atendo em treinamentos, consultorias e mentorias.

LIDERANÇA PRODUTIVA

Talvez você já tenha vivenciado algumas dessas experiências. Se ainda não, certamente será só questão de tempo para que você também passe por cada um desses desafios.

Por isso, além de listar a seguir estas situações difíceis que você enfrentará, também vou orientá-lo sobre como agir em cada caso.

PRESSÃO E COBRANÇA DOS SEUS SUPERIORES

Como já vimos, o líder é uma figura que está o tempo todo exposta, sendo responsável direta ou indiretamente pelos resultados dos seus liderados. Por isso, é normal que você seja cobrado pela diretoria da empresa em que trabalha, seja pelos resultados do seu departamento, pelos comportamentos do seu time ou por alguma situação pontual e atípica que possa ter acontecido.

No entanto, o grande problema é que muitas vezes essa cobrança é feita da maneira errada, de forma ríspida, grosseira ou injusta. Infelizmente é uma situação bastante comum, que frequentemente frustra e desestabiliza o líder.

Sendo assim, como lidar com cobranças agressivas e em excesso?

Primeiro de tudo, é importante que você mantenha o seu emocional equilibrado, e isso passa por entender que aquela cobrança, na maioria das vezes, não é algo pessoal.

Da mesma forma que você está sendo cobrado pelo diretor em relação aos seus resultados, muito provavelmente ele também está sendo cobrado pelo presidente, pelos sócios e pelos acionistas da empresa.

Ou seja, ele também está sendo bastante pressionado. Isso faz com que essa cobrança se estenda como uma reação em cadeia, de cima pra baixo, pelos vários níveis hierárquicos dentro da organização.

No entanto, só o fato de você entender que a diretoria também está sendo pressionada e não possui nada pessoal contra você já é suficiente para encarar a situação com mais serenidade.

Isso acontecerá porque você não terá mais a necessidade de dar uma resposta para seu ego, como se fosse um confronto, onde cada uma das partes quer vencer o seu oponente.

Durante uma cobrança, mesmo que feita de forma dura, mantenha o seguinte pensamento: "Ele está falando sobre números e sobre trabalho, e não sobre mim".

Após isso, responda a seu superior sempre falando em termos de melhorias de resultado, com foco no futuro e nas ações para corrigir o problema.

Não caia na armadilha de ficar disparando um monte de justificativas, pois isso pode soar como desculpa e falta de autorresponsabilidade da sua parte, mesmo que suas justificativas sejam plausíveis.

Você deve, sim, expor as dificuldades enfrentadas, até mesmo porque muitas vezes seus chefes não estarão cientes dos obstáculos enfrentados no dia a dia, e por isso podem ter uma ideia distorcida sobre o seu trabalho.

No entanto, essa explicação deve vir dentro de um contexto focado na solução, e não como uma forma de rebater a cobrança dos seus diretores.

Uma resposta adequada do líder seria algo como:

"Eu entendo perfeitamente a sua colocação e concordo que os resultados podem e devem melhorar. Vou tomar as ações necessárias e manterei você informado. Quero apenas compartilhar algumas dificuldades que tivemos no meio do caminho e que atrapalharam bastante o andamento do projeto".

Perceba que nessa abordagem você começa sua fala concordando com a outra pessoa, em vez de rebater diretamente com as justificativas.

LIDERANÇA PRODUTIVA

Esta segunda maneira transformaria a conversa em um confronto, cada um querendo mostrar que tem razão e sendo conduzida muito mais pelas emoções do que pela razão.

Experimente agir dessa forma da próxima vez e depois observe a diferença no resultado da sua conversa.

INSATISFAÇÃO GENERALIZADA DA EQUIPE

Quanto mais operacional for o cargo do funcionário, maior será a preocupação dele com o dia a dia e as condições de trabalho. Quanto mais estratégico for o cargo do funcionário, maior será a preocupação dele com as metas financeiras e os resultados de médio e longo prazos.

No meio dessas duas partes está você, líder, com a missão de responder pelo resultado da empresa e de atender às necessidades e à satisfação da sua equipe.

Isso remete a um outro problema bastante comum que vejo nas organizações, que é o líder ter que administrar uma equipe onde todos os colaboradores estão insatisfeitos.

Essa situação pode acontecer quando você não resolve um problema na sua origem e ele acaba crescendo e virando uma bola de neve.

Outras vezes, pode acontecer de você começar a trabalhar com uma nova equipe ou em uma nova empresa onde seus novos liderados já estavam bastante insatisfeitos.

Em uma situação de descontentamento em massa, você precisa de duas coisas:

1. Compreender os motivos da insatisfação da sua equipe.

2. Mostrar para seus liderados que você está ao lado deles e que fará o possível para ajudá-los.

Vamos explorar um pouco mais cada um desses pontos.

Primeiro, entenda que você nunca vencerá uma batalha sem antes conhecer muito bem seu inimigo. Por isso, você precisará ouvir a sua equipe para saber quais são as queixas e para, de fato, conseguir compreender a situação e se colocar no lugar do seu time.

É importante que você ouça o maior número de pessoas possível, de preferência em conversas individuais, para colher todas as informações relevantes sobre o cenário atual.

Além disso, caso a insatisfação envolva outras pessoas ou departamentos, é imprescindível que você também converse com a outra parte, para ouvir as duas versões da história.

Só depois disso, de posse das informações necessárias e sabendo exatamente o motivo da insatisfação de sua equipe, é que você conseguirá tomar uma ação mais assertiva.

O segundo ponto refere-se a você, líder, mostrar para seu time que está ao lado dele, brigando por ele e fazendo o possível para corrigir os problemas e melhorar as condições de trabalho.

Porém é preciso ter cuidado, pois um grande erro que muitos líderes cometem ao estarem diante de uma equipe inteira insatisfeita é prometer algo que eles não têm certeza de que vão conseguir cumprir.

Geralmente essas falsas promessas vêm carregadas de boa vontade, porque o líder realmente acreditava que conseguiria reverter a situação e atender às solicitações do seu grupo. Em outros casos, é apenas uma forma que o líder encontra de amenizar momentaneamente a insatisfação, com promessas de melhoria para acalmar as pessoas no curto prazo.

No entanto, quando o que foi prometido não se concretiza, isso só aumenta a revolta dos colaboradores, fazendo com que o líder perca a confiança e sua credibilidade junto à equipe.

LIDERANÇA PRODUTIVA

Por isso, apenas prometa aquilo que depende única e exclusivamente de você, e que você sabe que conseguirá cumprir em um prazo relativamente curto.

Fora essa situação citada em que você tem absoluta certeza de que consegue atender às solicitações da equipe, o líder não precisa, num primeiro momento, dar nenhum tipo de garantia de resultados ao grupo, apenas a garantia dos seus esforços e seu empenho.

É importante ter isso em mente, pois na maioria das vezes a insatisfação está relacionada a questões mais estruturais da empresa, até mesmo leis trabalhistas, e você terá que envolver outras pessoas e departamentos para tentar resolver o problema.

Mais do que uma solução imediata para suas reclamações, o que seu liderado busca é compreensão e apoio, alguém que esteja disposto a brigar pela causa dele.

Nessa situação de insatisfação generalizada, você pode se comunicar com seus liderados da seguinte forma:

> *"Pessoal, eu estou ciente de alguns eventos que aconteceram no passado e fiz questão de conversar com cada um de vocês para entender exatamente a situação. Eu compreendo perfeitamente essa insatisfação, e se eu estivesse no lugar de vocês, estaria me sentindo da mesma forma.*
>
> *Eu não posso prometer qual resultado vou conseguir e também não posso dar um prazo, já que são assuntos complexos e que não dependem só de mim, pois envolvem outras pessoas. Mas o que eu posso prometer é que eu vou me empenhar para corrigir ou pelo menos minimizar essa situação, e que manterei vocês informados a cada novidade que eu tiver sobre esse assunto.*

ALEXANDRE GABOARDI

Este é um compromisso que estou selando aqui, em público, junto a vocês.

Mas além de firmar esse compromisso com vocês, eu também preciso pedir uma coisa: que vocês se unam como time e não deixem essa situação interferir no rendimento e no trabalho de cada um.

Sei que é uma situação difícil e delicada, mas deixar de fazer um bom trabalho não vai ajudar em nada. Pelo contrário, realizar um ótimo trabalho mesmo diante de tudo o que aconteceu só reforçará o caráter e o compromisso de vocês com a empresa e será um fortíssimo argumento que me ajudará a corrigir essa situação".

Você consegue perceber o poder de um líder que age assim?

Ao mesmo tempo em que não promete algo que não está totalmente em suas mãos, você se coloca ao lado da sua equipe e resgata o comprometimento de cada um, já que relacionou o bom desempenho no trabalho com a solução do problema que está gerando a insatisfação.

Mas e se a insatisfação generalizada for por algo que o próprio líder fez, e não por algum motivo relacionado à empresa?

Bem, nesse caso, se você realmente entende que errou, basta chamar o grupo, assumir o erro e se desculpar. Simples assim.

Agora, se a insatisfação do grupo for por causa de uma decisão difícil da sua parte, mas que você realmente teve que tomar, explique ao grupo o contexto e tudo o que estava em jogo. Apenas esteja sempre ciente de que nem todas as suas decisões, mesmo que acertadas, irão agradar aos seus liderados.

INSUBORDINAÇÃO DE LIDERADO MAIS VELHO OU COM MAIS TEMPO DE EMPRESA

Esse cenário também é comum, e eu mesmo já presenciei isso em uma empresa onde trabalhei.

Por vezes, alguns profissionais valorizam tanto a experiência e os anos de casa que se sentem ofendidos quando passam a se reportar a um gestor mais novo em idade ou tempo de empresa. Para essas pessoas, a experiência deveria funcionar como uma priorização natural na hora de uma promoção ou aumento salarial.

Nesse cenário, o líder deve considerar alguns pontos importantes.

O primeiro é que provavelmente o liderado também não tem nada contra você em particular. Não é algo pessoal, apenas uma insatisfação por ter que responder a alguém mais novo.

O segundo ponto é que as pessoas que pensam assim geralmente cresceram e foram educadas em uma época bem diferente da atual, em outro contexto, onde o respeito aos mais velhos era mais evidente e o regime hierárquico da empresa muitas vezes considerava basicamente apenas esse critério.

Era como se as promoções não fossem definidas por mérito e resultados, mas sim por um tipo de ordem de chegada. Quem fosse mais velho e tivesse iniciado antes na empresa naturalmente teria a vaga, exceto se fizesse algo de muito errado em sua trajetória dentro da companhia.

Hoje em dia não funciona mais assim, mas eu não vou entrar no mérito do quanto isso é bom ou ruim. O que quero que você entenda é que as organizações estão cada vez mais ágeis, enxutas e menos amarradas a modelos antigos e tradicionais.

Por isso, é cada vez mais comum vermos jovens líderes assumindo postos importantes dentro das empresas e liderando pessoas mais experientes, talvez por conta de uma visão mais dinâmica e atual sobre os novos modelos de negócio.

No entanto, esse é um pensamento ainda distante da mentalidade de algumas pessoas, principalmente daquelas que passaram boa parte de suas carreiras em um modelo convencional de valorização do tempo de empresa.

Ao se deparar com esse problema, é fundamental que você tenha uma conversa franca com seu liderado, em vez de arrastar por muito tempo essa situação, fingindo que nada está acontecendo. Nessa conversa, deixe bem claro que você percebeu o que está se passando, mas que ambos estão no mesmo time e que você está lá para ajudá-lo, não para competir.

O mais importante, no final da conversa, é que seu liderado deixe de enxergar você como uma ameaça, e que a insegurança que ele provavelmente está sentindo deixe de existir. Para isso, é fundamental que você mostre fatos e números que corroborem seus argumentos, conforme você aprendeu quando falamos sobre a especificidade na comunicação.

Veja abaixo um exemplo de como conversar com um liderado nessa situação:

> *"Tenho notado que às vezes você se sente desconfortável e um pouco incomodado por ter que se reportar a mim. Percebi isso, por exemplo, no dia em que... (dar dois ou três exemplos em que isso ocorreu, baseado em fatos e sem rotular a pessoa com algum adjetivo).*
>
> *Quero dizer que eu admiro a qualidade do seu trabalho e valorizo muito a sua experiência, assim como tudo o que você já fez e continua fazendo por esta empresa. Nós realmente somos privilegiados em ter você no nosso time.*
>
> *Você é uma peça muito importante da equipe, e minha função aqui dentro é ajudar você e seus colegas a terem condições de realizar um*

LIDERANÇA PRODUTIVA

trabalho de qualidade, de forma leve e responsável, para que vocês atendam às expectativas da empresa. E espero que eu, nesta posição de chefia, também possa atender às suas expectativas profissionais.

Todo mundo aqui faz parte do mesmo time e quando um ganha, todos ganham. Eu não quero competir com ninguém, pelo contrário, estou aqui para ajudar. E ao mesmo tempo em que eu ensino e oriento, eu também aprendo muito com vocês todos os dias.

Espero que a partir de hoje você me veja sempre como um parceiro disposto a ajudar, e eu e a empresa contamos com sua experiência e seu bom trabalho".

Lembra quando estudamos as competências de um líder produtivo?

Aqui você precisará colocar em prática sua capacidade de empatia e de comunicação. Eu sei que essa conversa não é necessariamente fácil para o líder, mas é preciso que ela aconteça.

Além disso, tão importante quanto essa conversa serão os seus resultados e a sua postura de liderança no dia a dia.

Quanto mais resultados positivos você gerar no departamento e quanto maiores forem sua congruência e senso de justiça, mais fácil será de você conquistar o respeito dos seus liderados, inclusive dos mais velhos.

FICAR REFÉM DE UM FUNCIONÁRIO MUITO BOM TECNICAMENTE

Essa é uma situação que também já aconteceu comigo quando eu liderava uma equipe técnica.

Imagine a seguinte situação: você possui uma equipe enxuta, não há margem financeira para aumentar o quadro de funcionários e não é tão simples substituir alguém, pois o serviço que seus liderados executam é complexo e bem específico, fazendo com que seja necessário no mínimo uns oito meses até um novo funcionário ser treinado e desempenhar o serviço de forma plenamente satisfatória.

Somado a tudo isso, você tem um membro da equipe que é o mais experiente e que resolve os problemas mais difíceis, aqueles que os outros não conseguem resolver. No entanto, essa mesma pessoa é a mais problemática do departamento, não respeita horários, gosta de fazer as próprias regras e está longe de ser um exemplo em termos de postura e comportamento.

Tecnicamente falando, você sabe que esse funcionário fará muita falta se sair. Mas por mais que você converse com ele, seus comportamentos mudam por no máximo uma semana, e logo depois os problemas recomeçam.

O que fazer nessa situação?

Provavelmente esse funcionário age dessa forma porque ele sabe o quanto é bom no que faz, e isso lhe dá uma falsa sensação de que pode ter certas regalias, não precisando cumprir com as regras e determinações da empresa.

Uma ação que você pode tomar para tirar dele essa sensação de total confiança é pedir para outro funcionário acompanhá-lo na resolução dos casos mais difíceis, para que adquira mais experiência. Isso irá acender o sinal de alerta nesse funcionário com mau comportamento, deixando-o atento à situação.

É possível também que outros membros da equipe, mesmo que inconscientemente, acabem se acomodando pelo fato de ter alguém que resolva os problemas mais complicados quando eles não conseguem por conta própria.

Nesse caso, outra boa ação do líder é encorajar que os colaboradores menos experientes comecem, aos poucos, a assumir tarefas mais

LIDERANÇA PRODUTIVA

complexas, mesmo que no começo isso exija mais atenção do líder e aumente a possibilidade de erros acontecerem.

Essas pequenas mudanças podem já ser suficientes para o funcionário problemático mudar de postura. Mas mesmo se essa mudança não ocorrer e você realmente tiver que substituí-lo por outra pessoa, você já terá feito alguns movimentos no sentido de preparar outros liderados para os serviços mais exigentes.

Na sua liderança, você deve sempre se preocupar com o efeito bola de neve e as proporções que um comportamento negativo pode ganhar ao longo do tempo.

Por mais que a equipe sinta a ausência de alguém que era muito bom, os danos causados pelo mau comportamento seriam ainda maiores, pois esse funcionário ficaria cada vez mais espaçoso e inconveniente, e aos poucos seus colegas começariam a se sentir injustiçados e fatalmente baixariam seu comprometimento e produtividade.

Liderar também é sinônimo de tomar decisões difíceis, eu sei disso!

Mas às vezes você perceberá que precisa renunciar a algo agora e assim liberar espaço para receber algo ainda melhor lá na frente.

AFINAL, QUANDO DEVO DESISTIR DE UM FUNCIONÁRIO?

A esta altura do livro, você já deve ter percebido que eu gosto de tratar a liderança de forma realista, e não de maneira utópica e romantizada.

Digo isso porque você encontrará muita gente usando frases motivacionais e de impacto, principalmente nas redes sociais.

São textos e vídeos dizendo que o líder inspirador consegue mover montanhas e que qualquer pessoa, sem exceção, irá transbordar de alegria e realizar um trabalho de excelência quando tiver um bom líder no comando.

Por mais bonitas que sejam essas mensagens, elas não são totalmente verdadeiras.

O líder não tem o poder de mudar ninguém se a própria pessoa não estiver disposta a se transformar.

O que você consegue fazer, no máximo, é ser um facilitador dessa mudança, apoiando e despertando no seu liderado o desejo de ser um profissional melhor e de fazer parte de uma equipe engajada em torno de um projeto.

Mas pode acontecer de algum colaborador não possuir o perfil e os comportamentos que você deseja para a função, por mais que já tenha tentado desenvolver essa pessoa.

Ou pode acontecer também de o liderado simplesmente estar buscando um novo rumo na carreira, fazendo com que ele agora esteja completamente desconectado do atual trabalho, pois já não faz mais sentido para ele.

Como agir nesses casos? Até onde você deve ir antes de decidir pela demissão?

A primeira coisa a ser feita é identificar o porquê do seu liderado não estar rendendo o esperado, e aqui podemos dividir em dois grandes grupos: ele não está rendendo o esperado tecnicamente ou os seus comportamentos estão inadequados.

Se for o primeiro caso, ou seja, uma dificuldade técnica do seu funcionário, dificilmente isso chegará ao extremo de ter que demiti-lo. Isso porque o próprio empenho e a dedicação do seu liderado naturalmente farão com que ele, com o tempo, aprenda suas tarefas e desenvolva as habilidades para executá-las.

Obviamente há pessoas que aprendem mais rapidamente do que outras, e é normal que alguns funcionários tenham um pouco mais de dificuldade e levem mais tempo até desempenhar suas atividades de

LIDERANÇA PRODUTIVA

forma plena. Mas fazendo o mesmo trabalho todos os dias, é praticamente impossível que a pessoa não pegue prática na tarefa e acabe exercendo-a naturalmente bem.

Ademais, é função do líder produtivo identificar as dificuldades dos seus liderados, seja pela observação diária, pela análise de métricas ou por meio das conversas de *feedback*.

Em seguida, após identificar as dificuldades técnicas, o líder montará um plano de ação que pode incluir um novo treinamento, acompanhamento por um colega mais experiente ou até mesmo algum curso complementar que possa ajudá-lo a melhorar sua *performance* no trabalho.

Vou agora falar da segunda situação, que é a mais comum de acontecer: o que você deve fazer quando a possibilidade de demissão se deve aos aspectos comportamentais de algum funcionário da sua equipe?

Primeiramente, o líder deve puxar para si a responsabilidade, mesmo que seja o liderado quem esteja cometendo os atos indisciplinares.

Pergunte a si mesmo o seguinte: "O que eu preciso fazer para que esse liderado mude sua postura no trabalho de forma duradoura e definitiva? O que preciso fazer que ainda não fiz?".

Enquanto você obtiver respostas para essa pergunta, o seu trabalho com esse liderado ainda não terminou.

Em situações como essa, você vai precisar considerar todos os lados e as possíveis consequências de dispensar um funcionário. Uma demissão gera custos altos para a empresa, como rescisão, processo de nova contratação, tempo de espera até treinar e ter o retorno com o novo funcionário, além do impacto emocional que pode causar na equipe.

Tudo deve ser considerado e colocado na balança. Por isso que eu digo que, enquanto houver ações que você possa fazer como líder para corrigir um funcionário que já está na sua equipe, será melhor do que abreviar uma demissão sem ter esgotado todas as possibilidades.

No entanto, não é raro acontecer de o gestor perceber que realmente o perfil e o comportamento de determinada pessoa não se enquadram no que ele espera de um profissional, apesar das várias tentativas já feitas de reverter tais comportamentos.

Nesse caso, o líder deve pensar, acima de tudo, na sua responsabilidade de ser exemplo e de gerar resultados para a empresa por meio do grupo, decidindo então pela demissão do colaborador.

Os dois extremos precisam ser evitados: você não deve demitir alguém por mau comportamento sem antes esgotar suas ações corretivas, mas também não deve adiar a decisão de dispensar um liderado de modo a prorrogar um problema que precisa ser corrigido com essa medida.

Para finalizar, quero enfatizar que estou me referindo aqui a casos em que o próprio líder cogitou a demissão do colaborador, seja por mau comportamento ou baixo desempenho técnico.

No entanto, existem também os casos em que a própria empresa decide por uma redução do quadro de funcionários para cortar custos, fazendo com que o líder tenha que demitir pessoas que não gostaria.

Não sei se você já passou por essa situação, mas é uma das coisas mais doloridas que existem dentro do papel da liderança.

Nesses casos, não há para onde fugir. O líder precisará acatar as determinações vindas de cima, tendo que fazer suas escolhas com base na relação custo-benefício de cada colaborador, levando-se em conta os salários, tempo de empresa, comportamentos, habilidades na função, facilidade de substituição, entre tantos outros aspectos.

LIDERANÇA PRODUTIVA

Chegando ao final deste capítulo tão importante, separe um tempo para uma autorreflexão, perguntando a si mesmo:

1. Você já teve que lidar com alguns dos quatro desafios da liderança demonstrados neste capítulo? Como você agiu na ocasião e como você poderia agir numa próxima vez?

2. Reflita honestamente sobre quais são os seus principais medos ou receios no seu cargo de liderança e pergunte-se: você tem medo de quê? Depois disso, anote suas respostas e se lembre dos momentos mais desafiadores que você enfrentou e que o deixaram mais forte durante as diferentes fases da sua carreira e até mesmo de sua vida.

CAPÍTULO 11

Capítulo 11
QUAL O SEU PROPÓSITO?

**"Sem uma visão ou objetivo,
uma pessoa não pode gerir a sua própria vida,
e muito menos a vida dos outros."**

Jack Weatherford

Propósito de vida é um tema bastante comentado atualmente. Se você prestar atenção, verá que existem vários vídeos, livros e artigos falando o que é propósito de vida e como encontrar o seu. Você vai perceber também que há muitas definições e cada pessoa aborda esse assunto de uma forma diferente.

Seria muita pretensão minha querer conceituar de forma definitiva o que é propósito.

Sei que é um assunto amplo e de certa forma até abstrato, e meu objetivo é apenas que você entenda o que ele tem a ver com sua liderança produtiva e de que forma impactará positivamente sua carreira profissional e sua vida.

Você deve concordar comigo que muitas pessoas vivem suas vidas no piloto automático, sem pensar ou questionar suas ações diárias.

LIDERANÇA PRODUTIVA

Provavelmente você mesmo já tenha passado alguns dias, semanas ou até meses assim: acordando no mesmo horário, cumprindo o mesmo ritual de manhã, indo ao trabalho pelo mesmo caminho, resolvendo os mesmos tipos de problemas no escritório, voltando para casa da mesma forma e se distraindo com algo qualquer, até chegar a hora de dormir e começar tudo de novo.

Encontrar seu propósito tem a ver com sair do piloto automático!

Isso significa encontrar uma razão por trás de tudo o que você faz, como se as suas ações agora fizessem sentido.

Sem um propósito de vida, a motivação (motivação = motivo para ação) de uma pessoa tende a ser algo menor e mais imediatista, como um lucro, um salário, comprar o próximo objeto de desejo ou simplesmente conseguir pagar as contas em dia.

E por ser esse um cenário comum vivido por muitas pessoas, corre-se o risco de acreditarmos que isso é normal.

Saiba que viver dessa forma pode até ser comum, mas está longe de ser normal.

Por essa razão, entenda o propósito como sendo uma conexão com algo maior, que vai além de você. Está ligado a servir e contribuir, fazendo com que seu trabalho tenha um impacto positivo não apenas para você e sua família, mas sim um alcance além desses limites.

Você pode se perguntar: "E o que isso tem a ver com meu papel de líder?".

O ponto é que, ao encontrar o seu propósito, você terá mais vitalidade, paz, entusiasmo, energia, consistência e alegria.

Percebe agora o quanto isso ajudará você a exercer sua liderança?

O líder que possui um propósito inabalável trabalha sabendo qual é o seu papel na empresa e na vida, e essa convicção é determinante para que ele mantenha o foco no objetivo, supere as adversidades e siga em frente de forma consistente.

Ter um propósito inabalável significa seguir em frente, mesmo em uma situação em que a maioria desistiria. É fazer o que deve ser feito, apesar das circunstâncias contrárias.

Lembro-me de uma vez em que fui fazer um exame de sangue e, para não pegar o laboratório lotado, me programei para chegar no primeiro horário, às seis horas da manhã.

Era um sábado de inverno, estava ventando e caía uma chuva fina. Saí de casa por volta das 5h30 e, durante o caminho, dentro do carro, a única coisa que eu pensava era que eu desejava estar na minha cama quentinha.

Quando parei o carro no semáforo, com a rua quase deserta, vi um homem de aproximadamente 50 anos passar correndo com sua roupa de ginástica e tênis esportivos.

Lembro-me de que meu primeiro pensamento foi: "Eu aqui dentro do carro reclamando e esse senhor se exercitando num sábado de frio e chuva, antes das seis da manhã".

Eu não conhecia aquele senhor e não conheço a história dele, mas de uma coisa eu tenho certeza: para fazer o que estava fazendo, ele tinha um propósito inabalável.

Para a grande maioria das pessoas que se dispõe a correr de manhã, aquele cenário de frio e chuva seria a justificativa perfeita para falhar naquele dia, mas aquele homem resolveu fazer, apesar da situação adversa, e não porque a situação era favorável.

Pense e pergunte a si mesmo:

- O que me faz continuar quando todos os outros param?
- Qual o motivo maior que faz valer a pena enfrentar qualquer situação?

LIDERANÇA PRODUTIVA

Essas são perguntas que não costumamos fazer, mas que se você souber responder farão enorme diferença na sua habilidade de enfrentar dificuldades e nos resultados que você obterá com sua equipe.

Líderes com propósito são naturalmente inspiradores e possuem maior capacidade de influenciar seu time para agir em direção a um objetivo em comum.

Alexandre, e como eu sei que encontrei meu propósito de vida inabalável?

Aqui, existe um paradoxo: essa é uma questão difícil de responder, mas que é fácil de perceber na prática.

Isso acontece porque o propósito está mais relacionado ao sentir do que ao saber. Não é algo mensurável, com indicadores que mostrarão claramente que você encontrou o seu grande "porquê".

Propósito é preenchimento!

Sabe aquele vazio interior que às vezes você sente, mas não sabe explicar?

Ao encontrar seu propósito de vida, a sensação que se tem é de que esse vazio foi preenchido, fazendo com que as suas ações, sentimentos e decisões passem a fazer sentido.

Quando isso acontece, você começa a ter mais energia, seus comportamentos se tornam mais congruentes e fica bem mais fácil focar no que realmente importa.

Você já foi liderado por alguém que falava não apenas com palavras, mas também com a alma?

Esses líderes possuem um magnetismo muito forte, e você nota claramente que são pessoas apaixonadas pelo que fazem, que conseguem enxergar um sentido maior em tudo o que realizam.

Talvez você esteja se perguntando como fazer então para encontrar o seu propósito de vida.

A primeira coisa que preciso dizer é que você dificilmente irá encontrá-lo se estiver procurando exaustivamente por ele.

Por mais contraditório que pareça, a verdade é que você deve simplesmente manter a mente aberta e receptiva para que isso ocorra naturalmente, em vez de ficar com uma ideia fixa de encontrar seu propósito.

É mais ou menos como encontrar sua alma gêmea. Quando você fica tentando encontrá-la a qualquer custo, corre o risco de se iludir e escolher a pessoa errada.

Mas quando você simplesmente se abre para novas experiências e deixa de se preocupar com isso, sua alma gêmea aparece de um jeito que você menos espera.

Encontrar o seu propósito não é um evento, mas sim um processo.

É algo que vai sendo construído aos poucos e que não acontece da noite para o dia, com hora marcada. Você só precisa ficar atento aos pequenos sinais para conseguir sentir.

Eu falo em pequenos sinais, pois não existe aquela visão romântica de que, ao descobrir o seu propósito, sua vida passará a ser um mar de rosas, ou uma linda estrada reta e florida, sem percalços no caminho.

Não é assim que acontece!

Quando você encontrar seu propósito, não haverá fogos de artifícios e tampouco se abrirá uma porta no céu ao som de anjos tocando harpa.

O que você provavelmente sentirá é uma sensação de leveza, como se tivessem retirado um grande peso dos seus ombros.

LIDERANÇA PRODUTIVA

Além disso, seu dia a dia fluirá mais naturalmente, fazendo com que você tenha mais serenidade para gerenciar suas demandas de trabalho e também para lidar com os problemas profissionais e pessoais.

Por outro lado, apesar de ser um processo, existem sim algumas técnicas que podem ajudá-lo a sair do piloto automático e encontrar o seu propósito mais facilmente, ou pelo menos guiar você por meio de uma reflexão.

Para começar, faça a si mesmo as seguintes perguntas:

- **Quem eu sou?**
- **O que estou fazendo nesta vida?**

Você não precisa responder com pressa.

Leia novamente as perguntas, dedique um tempo para si mesmo, reflita, anote, faça o que achar adequado para trazer o seu foco para essas questões.

Acima de tudo, seja verdadeiro consigo mesmo e busque resgatar aquilo que você é na sua essência, mesmo que às vezes não consiga ser essa pessoa.

Sim, eu sei que são perguntas que não costumam nos fazer, e por isso não estamos habituados a pensar sobre isso. Mas eu tenho certeza de que esse questionamento é muito relevante e irá ajudá-lo no seu processo.

Depois, pergunte novamente a si mesmo:

- **Se eu não precisasse de dinheiro e pudesse fazer qualquer coisa, o que eu faria?**
- **O que eu amo tanto fazer que eu faria até de graça?**

Das várias coisas que você ama fazer, certamente algumas delas estão relacionadas a momentos de lazer e diversão. Mas não são necessariamente essas coisas que estamos buscando nesta reflexão.

Busque identificar algo relacionado a uma atividade profissional e que, principalmente, ajude a resolver um problema no mundo.

Algo que o benefício seja capaz de transcender a você e sua família.

Por fim, responda sinceramente:

- Quais são os meus maiores talentos?
- O que eu costumo fazer muito bem-feito e que para mim é fácil e divertido?
- Se eu não existisse, que falta eu faria no mundo?
- Qual é o legado que vou deixar quando eu não estiver mais aqui?

Permita-se responder a essas perguntas com calma e desenvolver seu autoconhecimento. Eu garanto que você se tornará um líder mais produtivo, focado e realizador.

Para finalizar esse tema, eu quero compartilhar uma ideia que aprendi anos atrás com um grande amigo e professor que a vida me deu: quem vive com propósito, vive de propósito!

Quando você sai do piloto automático e preenche seu vazio interior, você deixa de fazer as coisas só porque todo mundo também faz assim. Você deixa de querer agradar os outros o tempo todo, vivendo uma vida que não é sua.

LIDERANÇA PRODUTIVA

Daqui para frente, eu quero que você:

- Lidere sua equipe de propósito;
- Tome decisões importantes de propósito;
- Cuide da sua saúde de propósito;
- Cresça profissionalmente de propósito;
- Cultive bons relacionamentos de propósito;
- Tenha sucesso de propósito;
- Seja feliz de propósito.

Com propósito e de propósito... é assim que faz um líder produtivo!

CAPÍTULO 12

Capítulo 12
O FUTURO DA LIDERANÇA

"A medida final de um homem não é onde ele está em momentos de conforto, mas onde ele está em tempos de desafio e controvérsia."

Martin Luther King

Sempre que falamos sobre como será o futuro, estamos lidando com possibilidades, e não com certezas.

Obviamente que não se trata de um mero exercício de adivinhação, pois as projeções futuras são baseadas em estatísticas, probabilidades e tendências observadas e estudadas por especialistas de diversas áreas.

Mas, mesmo assim, são apenas projeções.

As empresas são organismos vivos, dinâmicos e estão em constante transformação por conta das mudanças sociais, tecnológicas, econômicas e culturais.

E se pessoas e empresas mudam, então o líder também deve mudar.

No entanto, nesse cenário profissional que já é naturalmente instável, um novo elemento surgiu trazendo ainda mais mudanças e incertezas de como será o futuro: o fator 2020.

LIDERANÇA PRODUTIVA

Por conta da pandemia da Covid-19, o ano de 2020 certamente foi um ótimo exemplo de como um fator externo pode ter um fortíssimo impacto econômico e social, trazendo consequências diretas para as empresas e postos de trabalho.

Milhões de pessoas perderam seus empregos, milhares de negócios fecharam as portas e muitos tiveram que se reinventar, alterando contratos de trabalho e mudando a forma de se relacionar com clientes e colaboradores.

Ninguém pode afirmar ao certo como será o trabalho nos próximos anos.

Porém, em muitos aspectos, a crise gerada pela pandemia apenas acelerou uma mudança que já se desenhava na forma de se trabalhar e liderar equipes.

Uma dessas mudanças antecipadas foi a necessidade de se liderar à distância.

Nesse novo cenário, várias empresas foram obrigadas a implementar o sistema de trabalho remoto, onde os postos de trabalho não são em uma sede fixa da empresa, mas sim na própria casa do colaborador ou então em postos móveis, como cafeterias, espaços de *coworking* ou outros espaços compartilhados.

O novo líder produtivo agora gerencia equipes remotamente, sem o contato físico diário e sem o poder da conexão olho no olho.

Para muitos líderes e colaboradores, esse é um ambiente completamente diferente e um enorme desafio.

É preciso aprender tecnologias de acesso remoto, fazer reuniões *on-line*, trabalhar sozinho e, sobretudo, ser organizado e produtivo em um ambiente que é ao mesmo tempo seu lar e seu trabalho.

Essa é apenas uma de tantas mudanças que o líder produtivo enfrentará.

Outra transformação que já vinha ocorrendo, mas que acelera cada vez mais, é a transformação digital e a necessidade de dominar, interagir e usar novas tecnologias.

Anos atrás, o líder que dominava tecnologias de ponta e era familiarizado com o mundo digital tinha um grande diferencial competitivo comparado a outros profissionais mais antigos.

Hoje em dia, a tecnologia não é mais diferencial, mas sim pré-requisito.

Praticamente todas as empresas, mesmo as micro e pequenas, já utilizam plataformas digitais e sistemas customizados para suas necessidades, seja na área técnica, operacional ou comercial.

Não estou querendo dizer que você precisa conhecer e dominar todos os sistemas, até mesmo porque isso seria impossível, dada a variedade de opções existentes.

No entanto, o líder precisa se sentir confortável e familiarizado com a tecnologia de uma forma geral, assim como com os sistemas integrados e as diversas funcionalidades digitais.

É impossível pensar em alta produtividade sem o uso das tecnologias atuais, capazes de otimizar nossos recursos e automatizar tarefas de rotina.

Atualmente existem diversos cursos e treinamentos disponíveis sobre os mais variados sistemas e programas. Muitos deles possuem um valor bastante acessível ou são até mesmo gratuitos.

Portanto, não há razão para um líder não estar familiarizado com o mundo digital e não trazer tais benefícios para seu trabalho e departamento.

Outro ponto cada vez mais valorizado, e que você deve ter sempre em mente na sua liderança, é o quanto você agrega de valor para a companhia.

LIDERANÇA PRODUTIVA

Cada vez mais, as empresas procuram por pessoas que solucionem problemas, sejam criativas, promovam mudanças positivas nas equipes e façam a diferença nos resultados corporativos.

Menos teoria, mais prática.

Menos burocracia, mais agilidade.

Menos status, mais valor agregado.

É isso que as empresas buscam, e o líder produtivo sempre tem o foco no valor que ele gera para a organização, muito mais do que nas formalidades e certificações de um currículo.

Não estou dizendo que os estudos não são importantes. Obviamente são importantíssimos, mas de nada valem se os conhecimentos não forem colocados em prática.

Entenda que você não é pago pelo conhecimento que possui, mas sim pelo que é capaz de fazer com o conhecimento que possui.

Grande parte das pessoas possui acesso fácil à informação, de maneira rápida, fácil e gratuita.

O conhecimento já está virando *commodity*, e o que realmente importa é o uso que você faz dele.

Esqueça por um minuto seus diplomas e currículo, e responda a si mesmo com sinceridade:

- **Qual valor você agrega para a empresa em que trabalha?**
- **De que forma você pode agregar ainda mais valor?**

Parte das respostas às perguntas acima têm a ver com inovação, e essa é outra característica do líder do futuro.

Cada vez mais, as empresas buscarão por líderes inovadores.

Quando eu falo em inovar, não me refiro a criar algo completamente novo, do absoluto zero. Para ser inovador, basta combinar coisas que já existem e usar a capacidade criativa para oferecer uma solução diferente.

Essa solução diferente pode ser a embalagem de um produto, um novo serviço, uma forma nova de se comunicar com a equipe, um novo canal de comunicação com o cliente, uma regra que otimize o trabalho e economize tempo, ou qualquer outra mudança que agregue valor.

Para ajudá-lo a trazer inovações, é essencial que seu foco esteja na solução, em vez de se lamentar dos problemas, reclamando e buscando culpados. Isso não torna você inovador.

Além disso, é preciso estar disposto a escutar sua equipe e aceitar sugestões, para que sua mente esteja aberta e receptiva a absorver novas ideias que ajudarão você a construir soluções originais.

Outra característica do líder do futuro é seu poder de influência.

Você já aprendeu que um dos principais papéis da liderança é influenciar pessoas em direção a um objetivo em comum. Nesse contexto, quanto maior for sua capacidade de influenciar pessoas, melhor líder você será.

No entanto, diante de tantos desafios que a liderança exige, só é possível ser constantemente influente se você for uma pessoa apaixonada pelo impacto positivo que um líder causa na humanidade.

Líderes do futuro se posicionam como verdadeiros agentes de mudança, assumem essa responsabilidade e se preocupam com as próximas gerações.

Não existe mais espaço para uma liderança que pensa pequeno e se preocupa apenas com sua própria equipe. O impacto positivo vai muito além das fronteiras do próprio líder, e você precisa dessa visão sistêmica para ter ciência do impacto social de suas ações.

LIDERANÇA PRODUTIVA

Um exemplo disso é este livro que está em suas mãos.

O que mais me motivou a escrevê-lo é saber que, ao desenvolver o líder, eu estou atingindo muito mais vidas, direta e indiretamente.

Basta imaginar que um líder melhor é também um melhor pai, e isso terá reflexo nas pessoas que conviverem com seus filhos.

Ele também é um melhor chefe, e impactará não só seus liderados, mas também a família de cada um deles.

E ao gerar mais resultados para a empresa por meio da equipe, permitirá que a organização aumente seu impacto social.

Em outras palavras, o líder do futuro é um líder consciente do seu papel e encara o seu trabalho como um serviço prestado a toda sociedade.

Outra característica muito valorizada nos líderes e que tende a ganhar ainda mais importância é a capacidade de reagir a cenários disruptivos, em que há quebras de paradigmas e uma mudança brusca no curso normal de uma situação.

Para isso, o líder precisa desenvolver pensamento rápido, senso de urgência, criatividade, flexibilidade e alta capacidade de adaptação.

Disrupções acontecem de tempos em tempos em praticamente todas as áreas, muitas delas ocasionadas pela introdução de novas tecnologias.

Eu ainda vou além: o líder do futuro não irá apenas reagir rapidamente a cenários disruptivos. Em muitos casos, o próprio líder será o agente que causará a disrupção e quebrará paradigmas e padrões pre-estabelecidos.

O líder do futuro é causa, e não consequência!

Para conseguir conduzir empresas e equipes a novos caminhos e desafios, é fundamental que você tenha um *mindset* flexível, sempre disposto a aprender e com visão de futuro.

E ao falar da liderança em tempos futuros, não posso deixar de lado a questão da autoliderança.

Cada vez mais, as pessoas conduzem suas carreiras de maneira independente, sem depender de décadas de trabalho dedicado a uma mesma empresa, em um sistema conservador de hierarquia e na tradicional relação de trabalho empregador-empregado.

Nos últimos anos, nota-se uma tendência crescente de pessoas que vendem seus serviços de maneira mais pontual a diferentes clientes, de forma direta e autônoma, em vez da necessidade de firmar longos contratos de trabalho com uma única companhia.

Obviamente que essa mudança é gradativa, mas já há o entendimento, principalmente entre profissionais de gerações mais novas, de que é possível vender suas ideias, conhecimentos e esforços de forma independente e dinâmica para múltiplos clientes.

Nesse novo cenário, o profissional do futuro necessita ser bom não apenas na execução, mas também na divulgação, negociação e venda dos seus serviços.

De modo exagerado, só para você fixar o conceito, é como se no futuro cada pessoa fosse uma empresa ambulante, ao mesmo tempo em que cada indivíduo é um cliente em potencial.

Portanto, relações de trabalho mais curtas, pontuais e dinâmicas farão parte do nosso dia a dia.

E se cada pessoa será uma empresa ambulante, será necessário que todos desenvolvam a capacidade de se autoliderar, administrando seus recursos físicos, financeiros, intelectuais e emocionais de modo a conduzir sua própria carreira de maneira produtiva, equilibrada e eficiente.

Para liderar a si mesmo, o autoconhecimento terá um papel de destaque nas próximas décadas, pois será o ponto de partida para

LIDERANÇA PRODUTIVA

lideranças que fazem a diferença e impactam positivamente o ambiente ao redor.

Volto a repetir: estamos falando de tendências e possibilidades, não de certezas.

No entanto, vários desses aspectos que você acabou de ver já são requisitos fortemente valorizados hoje, e não há por que acreditar que não irão continuar crescendo no futuro.

Vamos então relembrar algumas características que citamos do profissional do futuro?

- **Sabe liderar à distância;**
- **Domina novas tecnologias;**
- **Agrega valor à companhia;**
- **É inovador;**
- **Influencia positivamente e é socialmente responsável;**
- **Adapta-se rapidamente a mudanças;**
- **Quebra paradigmas e é disruptivo;**
- **Exerce a autoliderança;**
- **Sabe se vender para múltiplos clientes.**

Repare que listamos novas habilidades, mas certamente as competências que você viu, no quarto capítulo, permanecem sendo fundamentais e continuarão fazendo parte do arsenal de ferramentas de um excelente líder.

Sendo assim, é possível perceber o tamanho da responsabilidade de liderar pessoas.

Ser líder não é para qualquer um, e eu estou muito orgulhoso de você ter aceitado esse desafio!

MEU RECADO FINAL PARA VOCÊ, LÍDER

Só o fato de completar a leitura deste livro já mostra que você é uma pessoa acima da média e comprometida com o seu sucesso profissional.

Parabéns por isso!

O mundo oferece inúmeras oportunidades profissionais para quem busca evoluir constantemente e se permite usar todo seu potencial.

Eu tenho absoluta certeza de que há muitas pessoas e empresas precisando da sua ajuda e da liderança produtiva que você agora é capaz de exercer.

Não desperdice essa oportunidade!

Não seja menos do que você pode e merece ser!

Saiba que cada parágrafo deste livro foi escrito com muito carinho a partir das próprias experiências que vivi e de problemas reais da liderança relatados por clientes, alunos e profissionais dos quais fui o mentor.

Ao longo destas páginas, você aprendeu o que é a liderança produtiva, quais as principais competências de um líder, como ter uma comunicação eficaz, aumentar sua produtividade pessoal, desenvolver a inteligência emocional, encontrar seu propósito e como se preparar para a liderança do futuro.

De quebra, ainda conheceu um pouco mais da minha trajetória até aqui e de situações que enfrentei durante minha carreira.

Tudo que você aprendeu são fundamentos e técnicas que eu uso em minha vida e que ensino há anos. Portanto, esteja certo disto: se funcionou para tanta gente, funcionará para você também. Basta aceitar pagar o preço e colocar em prática!

LIDERANÇA PRODUTIVA

Espero que este livro tenha sido um excelente professor, e que sirva de guia para orientar você durante sua carreira e o exercício da sua liderança.

Está agora em suas mãos a missão de arregaçar as mangas e aplicar o que aprendeu, fazendo assim a diferença não só no local em que trabalha, mas também na vida de todos que cruzarem seu caminho.

Lembre-se que ser líder é influenciar pessoas para agirem em direção a um objetivo em comum. E que ser produtivo quer dizer gerar melhores resultados, gastando menos energia e otimizando recursos.

Quando você junta essas duas coisas, liderança e produtividade, o resultado é uma mistura explosiva, capaz de gerar transformações profundas em empresas, pessoas e equipes.

Antes de me despedir, deixo com você a frase de Andrew Carnegie, filantropo, escritor e empresário, que fundou a Universidade Carnegie Mellon, nos Estados Unidos:

"Nenhum homem será um grande líder se quiser fazer tudo sozinho ou se quiser levar todo o crédito por fazer isso".

Desejo a você muito sucesso!

Com carinho,

Alexandre Gaboardi